国家社科基金项目

云南"万人计划"云岭文化名家

云南省社会科学院省级优秀专家科研工作人才经费

国家社科基金丛书
GUOJIA SHEKE JIJIN CONGSHU

西部地区生态移民
农地确权与流转研究

Research on Confirmation and Circulation of Farmland Rights for
the Ecological Migrants in the West of China

张体伟　著

人民出版社

策划编辑：郑海燕
封面设计：石笑梦
版式设计：胡欣欣
责任校对：周晓东

图书在版编目（CIP）数据

西部地区生态移民农地确权与流转研究/张体伟 著. —北京：人民出版社，
 2022.8
ISBN 978-7-01-024882-0

Ⅰ.①西… Ⅱ.①张… Ⅲ.①移民-农业用地-土地所有权-土地制度-研究-
西北地区②移民-农业用地-土地所有权-土地制度-研究-西南地区③移民-
农业用地-土地流转-研究-西北地区④移民-农业用地-土地流转-研究-西
南地区 Ⅳ.①F321.1

中国版本图书馆 CIP 数据核字（2022）第 121410 号

西部地区生态移民农地确权与流转研究
XIBU DIQU SHENGTAI YIMIN NONGDI QUEQUAN YU LIUZHUAN YANJIU

张体伟 著

人民出版社 出版发行
（100706 北京市东城区隆福寺街 99 号）

北京九州迅驰传媒文化有限公司印刷 新华书店经销

2022 年 8 月第 1 版 2022 年 8 月北京第 1 次印刷
开本：710 毫米×1000 毫米 1/16 印张：10.25
字数：141 千字

ISBN 978-7-01-024882-0 定价：55.00 元

邮购地址 100706 北京市东城区隆福寺街 99 号
人民东方图书销售中心 电话（010）65250042 65289539

目　　录

引　言

　　土地是农民最重要的资产,农民享有其支配权、经营使用权、自主决策权和收益处置权等权能。我国家庭承包制下的土地经营承载着生产、就业、预期和保障等功能。[①]　土地制度是农村的根本制度,是影响农村人口流动的核心因素。土地制度改革是中国经济体制改革的核心环节。农村土地制度作为农村基本经营制度的核心,事关农业生产发展、农村社会稳定和农民群众利益,备受党中央、国务院和地方各级党委、政府的关注。[②]　在深化农村改革过程中,农村土地制度改革已成为学术界讨论的热点论题之一。有学者认为,我国的现代化过程,在某种程度上说就是土地增值和土地资本化的过程,而农地资本化后增值收益的分配问题一直是利益相关者关注的重点。有效的农地制度,既能最大限度地提高稀缺土地资源的配置效率,又能最大限度地实现农村社会公平。国内学者对 21 世纪以来颁发的一系列中央"一号文件"涉及农村土地制度改革进行了较为全面、系统的解读。[③]　21 世纪以来,我国农村土地制度改革的路径在各年度的中央"一号文件"中日趋清晰起来。2004 年提出

---

　　①　张红宇:《中国农村的土地制度变迁》,中国农业出版社 2002 年版。
　　②　郑新立:《稳定和完善农村基本经营制度——认真落实党的十七届三中全会》,《求是》2008 年第 21 期。
　　③　刘同山、孔祥智:《十个一号文件与农村基本经营制度稳定》,《现代管理科学》2013 年第 8 期。

加快土地征用制度改革。2005 年要求严格保护耕地和认真落实农地承包政策。2006 年强调保护农民土地承包经营权。2007 年要求稳定承包关系,加快征地制度改革。2008 年强调确保承包经营权证到户,推进征地改革试点。2009 年突出稳定承包关系、实行最严格的耕地保护制度和节约用地制度、全面推进集体林权制度改革。2010 年要求承包地块、面积、合同、证书"四到户",开展承包经营权登记试点。2012 年强调引导土地经营权流转,村集体建设用地使用权确权登记颁证。2013 年要求全面开展农村土地确权登记颁证,修订土地管理法,出台征补条例。2014 年提出完善农村土地承包政策,引导和规范农村集体经营性建设用地入市,完善农村宅基地管理制度,加快推进征地制度改革。2015 年强调分类实施农村土地征收、集体经营性建设用地入市、宅基地制度改革试点,建立土地增值收益分配机制,完善对被征地农民保障机制,建立健全农村土地市场交易规则和服务监管机制。2016 年强调在稳定农村土地承包关系、落实集体所有权、稳定农户承包权、放活土地经营权、完善"三权分置"办法的基础上,明确农村土地承包关系长久不变的具体规定,扩大农村承包地确权登记颁证整省推进试点,依法推进土地经营权有序流转,推进农村土地征收、集体经营性建设用地入市、宅基地制度改革试点,总结农村集体经营性建设用地入市改革试点经验,完善和拓展城乡建设用地增减挂钩试点。2017 年强调加快推进农村承包地确权颁证,扩大整省试点范围。2018 年提出实施乡村振兴战略,全面完成农村土地承包经营权确权登记颁证工作,实施新型农业经营主体培育工程。2019 年提出在基本完成农村土地承包经营权确权登记颁证工作的基础上,扎实开展"回头看",做好确权颁证的收尾工作,积极化解确权颁证过程中出现的各种遗留问题,将确权后的土地承包经营权证发放到农户的手中。健全农村土地流转规范管理制度,发展多种形式的农业适度规模经营,允许承包地经营权担保融资。可见,做好农村土地承包经营权确权登记颁证工作,是巩固和完善我国农村基本经营制度的重要举措。通过农村承包地确权颁证,进一步加强了农村土地承包经营权的物权保护力度,让农民真正吃上了长效的"定心丸"。

　　生态移民聚居区农村土地制度改革面临诸多特殊性和复杂性矛盾和问题,国内外学者对生态移民及其农地制度改革进行了有益的探索研究。生态移民在国外最早由世界观察研究院于 20 世纪 70 年代提出。① 国外学者根据生态移民的起因进行了类型划分,对产生的原因进行了具体分析。近年来,国内学界对生态移民研究逐渐兴起,探讨了中国农村扶贫开发中移民搬迁的理论与实践②;研究了移民搬迁相关的社会经济问题③;从不同角度对生态移民进行了界定,就战略地位、模式、政策进行了开拓性研究并取得初步成果,但整体上仍处于理论探索阶段。与生态移民息息相关的生产要素是土地,由于我国土地制度与管理体制改革不到位,农地制度的改革创新是推进生态移民迁入地农村经济发展的原动力④,从长期看,需要解决生态移民安置的土地问题;需要加强立法,制定和落实好土地政策,完善土地承包合同;需要改革土地制度,完善流转政策,赋予农民更多土地权益;需要建立"产权明晰,用途管制;市场主导,竞争定价"的土地市场⑤;需要促进土地物权化、财产化、资产化;需要开展确权登记、改革征收制度、优化增值利益分享机制;必须创新土地制度,释放资本化红利;需要规范政府行为,健全农村社保体系和土地流转服务体系,探索土地流转新途径。⑥

　　本书是国家社科基金项目"西部生态移民聚居区农地确权、流转与新型农业经营主体培育研究"的研究成果;主要从以下四个方面展开研究:

---

　　① Ethan Goffman, "Environmental Refugees: How many, How bad?", *CSA Discovery Guides*, No.7,2006,pp.1-15.
　　② 黄承伟:《中国农村扶贫自愿移民搬迁的理论与实践》,中国财政经济出版社 2004 年版。
　　③ 唐传利、施国庆主编:《移民与社会发展国际研讨会论文集》,河海大学出版社 2002 年版。
　　④ 王龙:《农地经营权流转与宁夏生态移民发展研究》,《宁夏社会科学》2009 年第 2 期。
　　⑤ 党国英:《论我国土地制度改革现实与法理基础》,《理论参考》2013 年第 6 期。
　　⑥ 张体伟:《生态移民聚居区农地制度改革难点及路径选择》,《云南社会科学》2016 年第 6 期。

一是开展生态移民及农地制度改革研究动态综述与相关理论研究。本书一方面动态梳理前人研究成果,另一方面系统整理相关理论文献资料,尤其是从相关移民理论、农地产权、制度变迁与交易费用等理论层面,为生态移民发展及其农地确权流转提供理论支撑。首先,就生态移民动因及发展,从推拉理论、人口迁移理论、行为选择理论等方面提供了理论支撑。其次,农村土地是生态移民最重要的生产资料,农村土地产权制度是生态移民聚居区农村经济制度中最基础性的制度。本书从马克思主义土地产权理论、科斯产权理论等视角,为研究生态移民农地产权制度和农地改革、农地确权流转提供了理论支撑。再次,农地制度变迁理论、博弈理论、交易费用理论为农村土地确权流转提供了理论依据。最后,梳理出生态移民聚居区农村土地确权、流转与新型农业经营主体培育之间的内在逻辑。农地确权是西部生态移民聚居区农地制度改革的关键环节,需要同经营权流转、新型农业经营主体培育有机结合且相互间互为影响、密不可分。生态移民聚居区通过农地确权颁证,界定和明晰土地产权,一方面,避免"公地悲剧"的蔓延[①];另一方面,农地确权助推生态移民聚居区农地健康有序流转,经营权流转催生移民聚居区新型农业经营主体培育壮大;新型农业经营主体发展引导和促进农地经营权流转。培育和发展新型农业经营主体首要问题是能否获得农地经营权,农地经营权流转首要前提是农地确权。

二是通过大量的实证调研,坚持问题导向,强化问题意识。首先,本书从调研的滇贵宁3省(区)、3市(州)、5县(市、区)、8个乡镇、10个村收集了大量有关农地确权流转及新型农业经营主体培育的第一、二手资料和研究素材,为本书研究奠定了基础。同时,结合案例点调研,集中开展问卷调研,共收回有效问卷605份。问卷数据录入 Excell 软件后,形成问卷数据库,为统计与回归分析奠定了数据支撑的基础。其次,从大量的实证调研中发现,生态移民聚

---

① 刘永湘:《中国农村土地产权制度创新论》,四川大学 2003 年博士学位论文。

居区农地确权、流转及新型农业经营主体培育过程中面临一些特殊的困难和问题。滇贵宁3省(区)605份调查有效样本中,59.3%的农户反映农地确权过程中存在权属不清、权属冲突明显、四至边界①和集体成员资格权不明确、部分政策性生态移民农地权属"虚拟"、非政策性生态移民农地确权"空白"。样本户农地转出的仅占26.45%,农地承包经营权流转中如何保障生态移民的土地权益等问题逐渐暴露且日益凸显。受生态移民聚居区农地流转市场发育滞后影响,农地流转规模不经济。农地流转面临诸多障碍与制约新型农业经营主体培育壮大等问题。

三是应用Logitstic模型,对生态移民农户农地确权满意度及对农地流转行为影响进行回归分析。结果表明,样本户对农地确权政策认知与生态移民农户农地确权政策满意度存在显著正相关关系,农地确权对移民农户农地转出行为有显著促进作用。本书在构建Logistic模型的基础上,实证分析了西部生态移民聚居区农村土地确权参与、转出行为的影响因素。其中,经济状况、确权对土地权益的帮助、政策及方式方法满意度变量对移民确权参与行为有显著正向影响;家庭劳动力人数、土地经营收入占比、确权对交易纠纷的影响变量显著负向影响移民农地确权参与行为。移民农地转出行为与年龄、文化程度、职业类型、是否确权颁证、是否关心流转期限变量呈显著正相关;与土地经营收入占比、搬迁后经济变化、农地归属认知呈显著负相关。生态移民开发的产业用地权属不清且与相关政策脱节,聚居区农地遗留问题已经成为实施农地制度改革的难点及障碍,并成为影响生态移民安置和农村社会稳定的重要因素。②

四是提出路径选择和对策建议。本书在实证调研、统计回归分析和典型案例研究基础上,结合发现的问题及产生的原因剖析,为促进西部生态移民聚居区农地确权、流转及新型农业经营主体的培育,提出路径选择和对策建议。

---

① 四至边界,又称四至界线,指某块土地四周的界限。
② 张体伟:《生态移民聚居区农地制度改革难点及路径选择》,《云南社会科学》2016年第6期。

首先,做好顶层设计和制度安排,深化农村土地制度改革,积极稳妥地解决历史遗留问题,切实保障生态移民农地权益。其次,借鉴有益做法并创新政策举措,在坚持依法依规、尊重历史和农民意愿、有序稳步推进、因地制宜等原则基础上,着力改善农地确权、流转环境,强化农地政策宣传培训力度,通过农地"赎买"、土地整理、农地调配、置换、废弃地复垦等途径,新增农地优先用于安置政策性生态移民、非政策性生态移民。再次,理顺农地制度和管理体制,加强立法,制定和落实好土地政策,完善土地承包合同。完善农地确权登记工作办法,细化农地确权中发现的历史遗留问题处理意见和处理方案。改革和创新农村土地制度,释放土地资本红利,促进土地物权化、财产化、资产化,赋予生态移民更多土地权益,维护好生态移民农地确权流转权益保障问题。建立健全"产权明晰,用途管制;市场主导,竞争定价"的农村土地市场,明晰产权,推进城乡要素平等交换和公共资源均衡配置。理顺并协调好与易地搬迁移民、原住民之间的农地权属关系。创新农地制度和管理体制。探索试点利用农民进城落户后自愿有偿退出的农村空置房屋和土地,安置非政策性移民。①强化生态移民聚居区土地管理,杜绝管理多头,避免管理"真空"。开展确权登记、改革征收制度、优化增值利益分享机制。规范政府行为,完善流转政策,健全农村社保体系和土地流转服务体系,探索生态移民聚居区土地流转新途径。最后,强化流转基础并优化资源配置,促进生态移民农地确权流转和新型农业经营主体培育。

---

① 张体伟:《生态移民聚居区农地制度改革难点及路径选择》,《云南社会科学》2016 年第6 期。

第一章 生态移民与农地制度改革研究动态

　　我国的生态移民起源于 20 世纪 90 年代末,是政府为保护生态环境及帮助生态环境脆弱与恶劣地区群众脱贫致富的一项重要措施。近年来,学术界对生态移民进行了大量的研究,从不同层面对生态移民进行了界定。生态移民聚居区是指移民搬迁后居住比较集中稳定的区域,生态移民聚居区包括政策性移民聚居区与非政策性移民聚居区。政策性移民聚居区是由政府根据国家移民政策规定进行开发的移民安置区,政策性移民安置区按居住地类型可分为城镇安置区与农村安置区,按安置模式类型可分为有土安置和无土安置。非政策性聚居区主要以农村为主,是由非政策性移民自发组织的集中居住区域。政策性移民聚居区与非政策性移民聚居区的最大区别在于是否有政府组织。对于政府开发的生态移民聚居区,居住的政策性移民可以享受国家相关的优惠政策待遇,例如安置于城镇的政策性移民,政府将会提供相应适合安置的就业岗位及安置房,安置于农村的政策性移民将由地方政府划拨配置生产用地、宅基地,并给予一定住房建设补偿。而以农村为主的非政策性移民聚居区,移民生产用地及宅基地中的一部分是移民早期自发开垦的荒山荒地,另一部分是移民通过流转当地原住居民、政策性移民土地的方式获得的。本书中的生态移民聚居区指农村政策性移民聚居区与农村非政策性移民聚居区。

农村土地制度改革作为我国西部生态移民聚居区农村基本经营制度的重要举措,是一项涉及经济、社会、资源、环境等多个层面的系统工程。西部生态移民聚居区的农村土地制度改革是实现西部地区经济、社会与环境可持续发展的基础和重要举措。西部生态移民聚居区农村土地制度改革问题研究不仅是一个理论问题,更是一个具有很强针对性的现实问题。① 研究西部生态移民聚居区农村土地确权、流转和新型农业经营主体培育,旨在探索西部生态移民聚居区农地确权、流转基本流程、现状、面临的突出问题和制约因素,农地确权、流转与新型农业经营主体培育之间的内在逻辑机理,实证研究生态移民农地确权、流转的行为选择以及对农地确权、流转政策满意度,探讨其改革路径和对策。

“土地问题”依旧是中国西部生态移民尤其是非政策性生态移民发展的“瓶颈”,依旧是西部生态移民聚居区农村改革过程中必须面对和认真解决的重大问题。② 我国西部生态移民聚居区开展农村土地确权颁证工作,旨在让生态移民吃上长期发展的“定心丸”。西部生态移民聚居区农地确权后适度规模流转,对新型农业经营主体培育和发展多种形式农业产业适度规模经营,推动生态移民聚居区农业农村现代化,具有重大现实紧迫性。西部生态移民聚居区经过近几年的实践,已开展了一些有益探索,积累了一定的经验。但是,西部生态移民聚居区农村土地制度改革面临政策衔接配套、制度完善等问题,农地确权、流转与新型农业经营主体培育过程中依然面临诸多特殊性和复杂性难题,尤其需要探讨。目前,国内外学者对生态移民及其农地确权、流转研究主要体现在以下几个方面。

---

① 周鹏:《中国西部地区生态移民可持续发展研究》,中央民族大学 2013 年博士学位论文。
② 刘丹:《民族地区农村土地流转问题研究》,湖北民族学院 2011 年硕士学位论文。

第一节　国内外相关研究文献综述

一、国外相关文献研究现状

生态移民在国外最早由美国植物生态学家考尔斯(Henry C.Cowles)提出①,英国学者迈尔斯(N.Myers,2002)对产生的原因进行了分析。埃及学者埃尔欣纳维(El-Himiawi)在1985年发表的研究成果中,从迁移的起因角度将生态移民划为三大类:一是自然灾害诱致生态移民。例如,龙卷风、飓风或沙尘暴等自然灾害诱致迁移。一般而言,这种生态移民的规模相对较小,且大多表现为暂时性的搬迁移民,即当原迁出地的环境条件恢复后,移民还可返迁回来居住。二是环境的崩溃导致的搬迁移民。环境崩溃的原因既可能源于自然,也可能是人为因素带来的,且原迁出地因环境崩溃而无法恢复,这种移民搬迁一般都是永久性迁出,而且不可能再返迁回原住地,只能异地而居。三是生态环境的持续缓慢退化、恶化导致的移民搬迁。该类型的生态移民主要因土地干旱、荒漠化、耕地退化等方面产生的迁移。而且这种环境退化、恶化长时期内一般较难缓解与恢复,由此产生的迁移大多表现为永久性迁移。

在埃尔欣纳维(El-Himiawi)的分类基础上,国外学者还从发生迁移的原因(自然或者人为)、环境变化的持续性(急性或者缓慢)、迁徙的发生是否在计划内三个维度,建立一系列分类标准,将生态移民划分为三种类型:一是灾害移民。灾害一般具有突发性且持续时间较短等特点,由此产生的迁移并不在人类的预期计划之内,发生的迁移行为一般都具有暂时性特征,移民有返回原住地的可能。灾害的起因既可能是飓风、沙尘暴、火山爆发或地震等自然因素,也可能因为核泄漏等技术原因引起的迁移。二是政府组织的移民。政府因当地环境不

---

① 杜发春:《国外生态移民研究述评》,《民族研究》2014年第2期。

适宜人类居住或为改变当地环境条件而产生的政策性移民。例如,易地搬迁生态移民、库区移民、因战争或战乱移民。这种移民可能因持续时间相对较短而有返迁的可能,也可能由于原居住地的生态环境遭到永久性改变不再适合人类居住,移民一般没有返迁的可能。三是环境退化移民。环境的退化主要表现为环境污染(如工业废弃物的排放)与资源匮乏(如土壤肥力的降低)。环境退化是一个缓慢的过程,由此产生的迁移最初表现为个体的迁移,而这些迁移的个体多为富有冒险精神的年轻人,迁移的目的是追求环境更好的居住地,从而提高生活质量。随着环境的不断恶化,迁移的规模也逐渐变大。因此,相对于前两种类型的移民,由环境退化产生的移民在迁移时选择的空间更大,他们往往可以决定何时迁移、迁移到何地以及怎样迁移。[①]

二、国内相关文献研究现状

近年来,国内学界对生态移民研究逐渐兴起,从不同角度对生态移民进行了界定(王培先,2000),探讨了中国农村扶贫中移民搬迁理论与实践(黄承伟,2004)、社会经济发展问题(唐传利、施国庆,2002),就战略地位(刘学敏,2002)、模式(桑敏兰,2005)、政策(孟琳琳等,2004)进行了开拓性研究并取得初步成果,但整体上仍处于理论探索阶段(李东,2009)。生态移民研究到目前为止在国内学术界还没有达成统一的共识,还处于探索和有争议的阶段,对生态移民的界定还处于从不同角度诠释的理论探索时期。[②] 不同学者从不同的学科背景和研究视角出发,对生态移民的内涵进行了阐释,但其核心内涵是一致的。大多数国内学者对生态移民的界定是从原因层面上将其定义的。例如,李耀松(2012)研究指出,因整个生态系统中自然环境的不断恶化和自然资源不可再生性,对人类和资源环境的发展产生不可持续影响,为了达到生态

---

① 税伟、徐国伟、兰肖雄、王雅文、马菁:《生态移民国外研究进展》,《世界地理研究》2012年第1期。

② 周鹏:《中国西部地区生态移民可持续发展研究》,中央民族大学2013年博士学位论文。

系统内部各要素的相对平衡,人类不得不去主动调整其与自然环境、自然资源的关系而进行人口迁移行为,就是生态移民。① 李笑春等(2004)认为,生态移民的主要动因是自然环境不断恶化,人口数量剧增已超过了生态环境可容纳的数量而进行的移民。②

国内学者认为,生态移民应包括三大类型:一是被动迁移。即自然生态环境变迁带来的一种人口被动迁徙的行为。二是主动迁移。主要指在某一区域内,为了保护自然生态环境不遭到破坏,恢复生态环境,防止退化、恶化而进行的一种人口迁移行为。三是协调发展迁移。即在某一区域内为达到人与自然相互协调,自然环境之间各要素的相互平衡而进行的的主动迁移行为。③

另外,张体伟(2011)从迁移行为组织主体看,分为自发搬迁的非政策性移民与政府组织搬迁的政策性移民两大类。一是就其活动主体而言,自发搬迁的非政策性移民是移民自发行为所致,或以群体或以个体的方式进行。而国家或政府组织的政策性移民搬迁则以群体的方式进行,由政府部门及其企业、社团等组织搬迁。就普遍性和广泛性而言,前者较之后者更具有普遍性和广泛性。就移民类型来看,包括政治性移民(如秦汉"迁豪"政策性移民④、明洪武年间的"蒙元"移民⑤等)、军事性移民(如古代的"移民实边""移民虚边"⑥)、经济型

---

① 李耀松:《宁夏生态移民可持续发展研究》,《宁夏社会科学》2012年第1期。
② 李笑春、陈智、王哲、叶立国、董华、聂馥玲:《可持续发展的生态安全观——以浑善达克沙地为例》,《自然辩证法研究》2005年第1期。
③ 周鹏:《中国西部地区生态移民可持续发展研究》,中央民族大学2013年博士学位论文。
④ 秦王朝统一中国过程中不断地对六国旧贵族实行强制移民政策,将六国旧贵族由其原居住地迁移到秦王朝较易控制地区,其目的是使六国旧贵族残余势力失去"地利"优势,从而削弱其颠覆秦王朝的潜能。刘邦建立汉朝后,继续推行"迁豪"政策。秦汉后,许多王朝曾实行过"迁豪"政策,以削弱敌对势力。
⑤ 《明史·食货志一》载:明代洪武年间,"徐达平沙漠,徙北平山后民三万五千八百余户,散处诸府卫。藉为军者给衣粮,民给田。又沙漠遗民三万二千八百余户屯田北平"。这些"山后民"和"沙漠遗民"中有相当部分为蒙元遗民,这种移民旨在削弱、控制与明王朝敌对的蒙元势力。
⑥ "移民实边"是最常见的军事性移民,政府有组织、有计划地迁移人口于边疆地区,以开拓边疆、巩固边防。所谓"移民虚边"就是当某一王朝政府难以有效保卫边疆时,便主动将边疆居民迁移到内地,以避免边疆的人力和物力落入敌国之手而进一步增强其入侵能力。

移民(如国家建设大型工程的移民、易地搬迁等)、生态型移民等。二是搬迁行为及形式。自发搬迁的非政策性移民主体在行为上属于自发,迁入地和迁出地缺乏沟通,没有相关交接手续等,迁移形式零星、散乱、无序,同时,在历史上几乎从未间断。而政府组织的政策性移民搬迁,在搬迁行为上属于政府、企业或社团有组织、有计划地搬迁,而且迁入地与迁出地之间在搬迁之前是经过协调、沟通甚至规划过的,在迁移组织形式上,是有序地、按规划地、整体性地、有批次地搬迁。三是搬迁目的及效果。自发搬迁的非政策性移民与政府部门有组织搬迁的政策性移民相比,由于自发搬迁没有列入政府计划、没有享受财政补助而自发进行的移民搬迁,缺乏开发建设能力,存在没有耕地、生产生活资料以及户籍制度保障的弊端。政府组织搬迁移民,列入政府计划、可享受政府财政补助,在迁入地拥有耕地、住房、户籍制度保障等,生产生活所需的基础设施及教科文卫等社会事业发展设施相应有所配套,具备开发建设能力。[1]

与生态移民息息相关的生产要素是土地,然而土地是农民最重要的资产,农民享有其占有支配权、经营使用权、自主决策权、收益处置权等[2],家庭承包制下我国的土地经营承载着生产、就业、预期和保障等功能。[3] 土地制度是农村的基础制度[4],是影响农村地域人口流动的核心因素[5];土地制度改革是中国经济体制改革的核心环节。[6] 国内学者认为,生态移民迁出前,集体建设用地流转多为生态脆弱地区生态移民所流转[7];现有的以农地制度为核心的农

---

[1] 张体伟:《西部民族地区自发移民迁入地聚居区建设社会主义新农村研究》,中国社会科学出版社 2011 年版。

[2] 冯继康:《论农民组织化过程中的政府责任》,《山东经济战略研究》2006 年第 5 期。

[3] 张红宇、刘玫、王晖:《农村土地使用制度变迁:阶段性、多样性与政策调整》,《农业经济问题》2002 年第 2 期。

[4] 陈锡文:《当前我国农村改革发展面临的几个重大问题》,《农业经济问题》2013 年第 1 期。

[5] 黄忠怀、吴晓聪:《建国以来土地制度变迁与农村地域人口流动》,《农村经济》2012 年第 1 期。

[6] 覃一冬:《20 世纪以来我国农村土地制度变迁及创新路径》,《理论月刊》2010 年第 6 期。

[7] 苏康传、杨庆媛、周婧、戴佩淇、宁涛、郭西南:《重庆市集体建设用地流转发展阶段判析》,《西南大学学报》2011 年第 10 期。

村体制框架决定了移民迁入地经济发展过程中土地产权所有者、经营权所有者、生产资本、产品及收入分配之间的关系组合①；迁入地村庄能否接受西部生态移民的态度，主要取决于政府能否对农民出让的土地等进行合理的补偿。②

第二节　生态移民及农地制度相关理论

一、生态移民理论

生态移民是一项系统工程，从迁移动因到迁移成功，不仅需要推拉理论的支持，还需从人口迁移理论、公平理论等方面寻求理论支撑，这些理论为生态移民的研究提供了更为深入和广泛的空间，为生态移民的发展提供了更多的支撑和保障，为生态移民地区人口、资源和环境系统的和谐发展提供了更多创新的思路。

（一）推拉理论

推拉理论是研究移民迁出地与迁入地间由于自然环境和社会经济发展的空间差异形成的推拉力的外部机制及移民个体差异的内部机制的一种理论与方法。早在 1938 年，赫伯尔（R.Herberle）指出，迁移是由一系列力量引起的。这些力量包括促使个体离开某一地方的"推力"和吸引某个体到另一区域的"拉力"，将雷文斯坦（E.G.Ravenstein）提出的吸引力（拉力）扩展为"拉力"和"推力"。20 世纪 60 年代，E.S.李（E.S.Lee）对雷文斯坦的迁移规律进行修正，提出了迁出地与迁入地相关的正负因素、介入障碍因素和个人因素。E.S.李

① 王龙：《农地经营权流转与宁夏生态移民发展研究》，《宁夏社会科学》2009 年第 2 期。
② 侯东民：《移民经济政策市场化：内地"买地移民"的调查》，《人口与发展》2008 年第 4 期。

(E.S.Lee)提出的迁出地与迁入地正负因素也就是"推力"与"拉力"的另一种表述。随着推拉理论研究的深入,唐纳德·丁·博格(D.J.Bogue)进一步发展了推拉理论,较全面、简明概括地排列出了推力因素和拉力因素。[①]

综观推拉理论,均着眼于研究迁移原因,即迁出地的消极因素和迁入地的积极因素对迁移者的影响。迁出地必有各种消极因素形成的"推力",把当地居民推出原居地;而迁入地必有各种积极因素所形成的"拉力",把外地居民吸引进来。迁出地形成"推力"的因素,诸如当地的自然资源枯竭、生态环境退化、自然灾害频发、农业生产成本增加、农村劳动力过剩导致失业率上升、较低的经济收入水平等。迁入地形成"拉力"的积极因素,诸如富集资源禀赋、良好的生态环境、较多的就业机会、较高的经济收入、较好的生活水平、较好的受教育机会、文化设施条件等。推拉理论解释人类迁移的动因仍是比较实际的,尤其适用于开发性扶贫移民的成因分析。然而,推拉理论作为一种人口迁移行为的理论,也存在其理论缺陷。尽管推力和拉力因素的清单排列很长,但仍然是比较模糊的概念,只能作为定性比较研究,很难量化推力、拉力的强度,这就使其只能起到对迁移行为作一般性现象解释的作用。[②]

(二)人口迁移理论

人口迁移,是自人类产生以来即存在的社会现象,历史上从未间断过。学术界对人口迁移的概念有多种界定,集中体现在:人口分布在空间位置上的变动。人口迁移具有两个属性:一是时间属性。无论迁移是永久性的,还是暂时性的,均具有时间属性。二是空间属性。即只有迁出原先的居住地一定距离即为人口迁移,通常以越过行政界线为依据,从而排除在同一行政区内改换居

---

① 张体伟:《西部民族地区自发移民迁入地聚居区建设社会主义新农村研究》,中国社会科学出版社 2011 年版。

② 张体伟:《西部民族地区自发移民迁入地聚居区建设社会主义新农村研究》,中国社会科学出版社 2011 年版。

住地的人口。人口迁移理论贡献体现在:生态移民属于社会人口迁移的一种类型,同时人口和生态平衡问题也是广义人口学的研究内容。[1]　人口社会学有关人口迁移的主体行为分析、人口迁移和社会变迁等理论分析,对生态移民的分析有着重要的参考价值。[2]

(三)行为选择理论

根据移民搬迁选择性理论,迁移是有成本和收益的。美国芝加哥经济学派的代表人物舒尔茨教授在《深思人的投资》一文中提出了"人口迁移成本与预期收益"的理论。[3]　该理论认为迁移是有成本的,它包括货币成本和非货币成本。前者包括交通、住宅、食物等方面增加的支出,后者包括因迁移减少的收入及心理成本等。[4]　搬迁的预期收益是指搬迁者因搬迁能够预期得到的更多的收入。当预期搬迁收益大于搬迁的成本时,人们就倾向于迁移。西部地区生态搬迁移民通过搬迁成本、风险和迁入后的效益博弈后决定其行为选择,生态移民的迁移成本与收益的相对大小是迁移与否的决定力量。[5]

对于生态移民来说,是否迁移主要由迁移成本与收益的相对大小决定的;若偏重于社会、心理因素,则又可用迁入地与迁出地的推力、拉力或吸引力、排斥力等概念来表示基本相同的含义。影响生态移民迁移的主要因素,包括货币成本与收益、非货币成本与收益(主要是心理成本与收益),即成本—收益性因素。迁移的成本—收益性因素包括货币与非货币因素,如前所述,它是生态移民迁移与否的决定力量。[6]　激发迁移动机的过程实际上是人与人进行相

---

[1]　佟新:《人口社会学》,北京大学出版社2000年版,第46页。
[2]　周鹏:《中国西部地区生态移民可持续发展研究》,中央民族大学2013年博士学位论文。
[3]　林志斌:《谁搬迁了?——自愿性移民扶贫项目的社会经济和政策分析》,社会科学文献出版社2006年版。
[4]　黄承伟:《中国农村扶贫自愿移民搬迁的理论与实践》,中国财政经济出版社2004年版。
[5]　李惠:《人口迁移的成本、效益模型及其应用》,《中国人口科学》1993年第5期。
[6]　张体伟:《西部民族地区自发移民迁入地聚居区建设社会主义新农村研究》,中国社会科学出版社2011年版。

互的比较,然后作出是否得到公平的判断,并以此指导生态移民在移民新区生产生活的行为。[1]

二、农地产权理论

"国以民为本,民以食为天,食以土为本。"从生产要素看,土地是农业生产活动中最基本的生产资料和最重要的生产要素。农地产权制度是农村经济制度中最基础性的制度。土地价值及其价值实现形式的土地产权制度,决定着农民的收入和预期。一种有效率的农村土地产权制度,能够反映特定历史阶段的经济社会关系,推动某一时期经济社会的发展,符合特定历史阶段经济社会实际情况,保障土地所有者、使用者和国家的利益,对土地利用和管理具有激励和约束功能。农地产权理论一直以来是学界的研究热点。

刘永湘(2003)认为,根据产权理论,农地产权关系并非人与农地之间的关系,而是农村土地的存在和使用过程中形成的被法律认可、被保障的行为性关系。农地产权制度界定各权益主体,涉及国家、法人、自然人、非法人的组织等在农地利用方面的地位及其社会经济关系的系统规范,由此决定的农地产权分离格局则具体规定了各权益主体与农地经营、管理相关的行为规范。[2]杨继瑞(1998)将农村土地产权界定为与土地产权混合的各种权利的"权利束"。他认为,农村土地产权的客体或标的是农村土地,农村土地产权是各权益主体共同指向农村土地并受法律保护的各种权利的总和,包括农地所有权、使用权、收益权、处分权等各项权利,不同的农地权利组合方式形成不同的土地产权结构,从而形成不同的利益结构,而不同的产权结构也具有不同的产权效率。[3]

---

[1] 斯蒂芬·P.罗宾斯、玛丽·库尔特:《管理学》,中国人民大学出版社 2003 年版,第56 页。

[2] 刘永湘:《中国农村土地产权制度创新论》,四川大学 2003 年博士学位论文。

[3] 杨继瑞:《我国农村土地资源配置市场化问题探讨》,见南京地政研究所编:《中国土地问题研究》,中国科学技术大学出版社 1998 年版,第197—226 页。

（一）马克思土地产权理论

马克思曾指出："劳动并不是它所生产的使用价值即物质财富的唯一源泉。正如威廉·配第（William Petty）所说，劳动是财富之父，土地是财富之母。"①于阳阳（2015）对马克思土地产权的基本权能及其派生权能进行梳理，归纳为以下五种：一是土地所有权。马克思认为，土地所有权是土地产权最基本的权能，是土地产权的核心，是一切土地产权权能的母权。二是土地占有权。即对土地的实际支配和控制，是土地所有权的派生权能，一般由土地所有权主体来行使，但土地所有权主体可以把土地占有权让渡给其他人来行使。经济主体通过实际的经济活动获得土地占有权；在权能分离的情况下，土地占有权比所有权更实际。三是土地使用权。主要指权利主体按照法律规定或约定实际使用土地权利。土地使用权与占有权是同一主体。随着土地流转的转让形式出现，土地使用权从占有权中剥离出来转到了新的经济主体手中。四是土地处分权与继承权。土地处分权是土地产权权能中最基本的核心权能。在租约期内，承租人拥有土地处分权，可在法律范围之内处置土地，租约期满后，处分权将重新回归土地所有者手中，包括土地上新增的基础设施、建筑物也回归到土地所有者手中。土地继承权指土地权能在代际间的传递。土地产权的继承不仅指土地所有者的继承，而且也可以是土地占有权、使用权等产权权能的继承。五是土地收益权。土地收益权是土地产权权利束的焦点，也是土地产权权能的落脚点。②

（二）科斯产权理论

科斯产权理论的主要内容有"科斯定理"和"科斯第二定理"及其推论所构成。根据科斯在其《社会成本问题》中所设想的案例和分析，可把"科斯定

---

① 《马克思恩格斯选集》第 2 卷，人民出版社 1995 年版，第 540 页。
② 于阳阳：《马克思土地产权理论及其当代启示》，南开大学 2015 年硕士学位论文。

理"概括为:如果交易费用为零,无论怎样选择法律模型、配置权利,双方当事人都可以通过相互协商进行交易,实现资源的有效配置。① 科斯产权理论涉及两个基本概念:一是交易费用。科斯笔下的交易费用,是指产权的界定、保护和实施的成本,即"个人交换他们对于经济资产的所有权和确立他们的排他性权利的费用"。交易成本是运用价格机制的成本,包含获取准确的市场信息的成本、谈判与监督履约的成本。二是外部性。外部性的本质在于交易双方相互影响,而这种影响不能通过市场来解决,因为影响他人和不受他人的影响的权利(产权)没有界定,因而无法自由交易。产权的划分是市场交易的基本前提,虽然这些权利已界定,但相互让渡这些权利的交易成本过高。科斯认为,无须国家干预,市场本身有能力消除"外部性",通过交易双方协商签订合同,界定相互影响的权利,使外部性因素内在化,不影响资源配置效率。"科斯第二定理"概括为:当交易费用不为零(而为正数时),产权的初始界定和分配将影响最终资源配置。考虑到进行市场交易的成本,对外部性权利的调整后带来的产值增长要高于其带来的成本才能进行交易。②

(三)德姆塞茨的产权和所有制理论

德姆塞茨(H.Demsetz)指出,产权是社会的工具。他说,"产权指使自己或他人受益或受损的权利"。即可以把产权看作一种行为权利,体现的是人和人之间的关系。产权不单单指生产资料,其含义远远超越了普通意义上"财产"的概念。产权提高了分析的抽象层次,其概念比所有权概念更丰富细致,并且在经济领域中的运用更宽广。一般而言,所有权是对某种财产的一个整体。而产权则是指包括使用、抵押、转让或者占有某物品的一组权利,其中的每一项权利都可以单独行使,进行产权的不同重组。

产权残缺的观点。在财产利用问题上,德姆塞茨认为,国家与私人情况类

---

① 科斯:《企业市场与法律》,三联书店出版社 1990 年版,第 47—49 页。
② 陈霜华:《科斯产权理论评析》,《云南财贸学院学报》2002 年第 3 期。

似,私人生产者索取的是剩余价值的增值,而国家要考虑政治上的安稳。当国家获得了可以由其改变所有制安排的特权,即国家可以控制对私有权的废除,它在行使产权权利时,就很可能对私人生产者权利造成影响,出现产权残缺。这在一定程度上,限制了产权可以自由让渡的特性,而只保留了它的部分排他性。①

三、农地确权理论

农地确权是行政机关依照土地相关法律、政策规定,对土地相关主体权利进行确认和确定的过程,这些权利包括土地所有权、使用权及他项权利。农地所有权指农地所有权人在符合国家法律规定范围内,可以对所属土地财产进行占有、使用、处分、收益的权利,这是土地所有者的法律体现。农地所有权是一项专有权,具有权属稳定性、排他性及交易限制性,任何单位及个人均不得侵犯。农地使用权指农民集体成员、农地集体以外的单位、个人按照《土地管理法》,通过依法向发包方承包土地,从事发展种植业、畜牧业、林业等产业获取土地收益的权利。农地的他项权利是在不断发展过程中衍生出来的权利,包括抵押权、耕种权、租赁权、借用权、空中及地下权等。他项权利的设定不仅有利于区分各项农地权利关系,而且有利于保护土地相关主体合法权益,对土地经营制度改革、土地资源配置有重要意义。我国宪法规定"农民集体"为农村土地所有权的拥有者,农民个体为农村土地使用权的拥有者。对农地进行确权要经过申请信息登记、土地信息调查、土地权属核实、注册与注销登记、土地证书颁发等程序。② 当前,我国农地确权主要有农村宅基地使用权确认、农村土地承包经营权确认、农村建设用地使有权确认。农地确权的目的在于保

---

① 德姆塞茨:《关于产权的理论》,见《财产权利与制度变迁》,上海三联出版社 1991 年版,第 24—27 页。
② 付江涛:《新一轮承包地确权、流转及其投资利用研究》,南京农业大学 2016 年博士学位论文。

障农民土地合法权益,稳定农地权属,激活土地经营权,进一步促进土地资源合理配置,实现农地集约、适度规模经营,以提高农业生产效率。生态移民聚居区通过农地确权颁证,界定和明晰土地产权,避免"公地悲剧"的蔓延。[1]

(一)制度变迁理论

制度变迁理论对经济发展实践有重要的意义,经济史学家道格拉斯·诺斯(Douglass C.North,简称诺斯),是制度变迁理论的主要代表之一。他用经济理论和数量方法解释了经济与制度变迁,建立了制度变迁理论,指出制度变迁是对制度规定、实施细则及内容组合的局部修改过程[2],主要由产权理论、国家理论、意识形态理论三部分组成。制度变迁的原因在于相关利益主体希望获取最大外部利润,但只有在制度变迁带来的预期收益大于制度变迁产生的成本时,才会发生制度变迁。制度变迁过程一般有两个变迁行动集团,一个是提出变迁方案及选择方案的行动集团,另一个是推动制度变迁的行动集团,只有通过两个行动集团的共同努力才能实现制度变迁。制度变迁又根据第一行动集团类别分为诱致性制度变迁和强制性制度迁。诱致性制度变迁是由下而上,以个人或群体为单位发起、组织的制度变迁;强制性制度变迁是由上往下,以政府为主,以命令形式发起实施的制度变迁[3],这两种路径变迁各有优缺点,因而需互相补充、互相配合,诱致性制度需要强制性制度从法律方面给予规定、确认,同时强制性制度的变迁也需要诱致性制度的诱致响应。

我国的土地制度变迁属于诱致性下的制度变迁,新中国成立以来,我国土地制度得到了不断创新和变革,土地制度变迁经历了农民土地所有制、土地集

---

① 刘永湘:《中国农村土地产权制度创新论》,四川大学 2003 年博士学位论文。

② Douglass C., North, *Institutions*, *Institutional Change and Economic Performance*, Cambridge University Press, 1991, p.27.

③ 魏崇辉、王岩:《制度变迁理论的比较与启示——基于理论预设视角》,《经济问题》2009年第 6 期。

体所有制、土地集体所有与家庭联产承包责任制、土地"三权分置"四个阶段。[①] 在最初的农民土地所有制时期,地主所有制被废除,建立了农民土地所有制,产生了巨大的政治效益和经济效益,但历史时间较短。[②] 随着工业化的推进,农业粮食生产与供应矛盾突现,为解决供给问题,国家成立了人民公社,土地由农民所有制变成了集体所有制。[③] 由于土地集体所有制受国家管制较多,严重影响农民生产积极性,导致农业生产效率极端低下,农户、集体、国家利益均受到损害,随之推出了土地集体所有与家庭联产承包责任制;为促进土地流转,进一步推动农业现代化发展,土地制度又进行了重大改革,在土地集体所有制与家庭联产承包责任制两权分离基础上,实行了土地所有权、承包权、经营权"三权分置"。从我国的土地制度变迁历史可以看出,经济成本、制度环境、利益主体是推动制度变迁的主要因素。当旧的制度无法满足相关主体潜在利益时,就会通过主体拆求、成本与环境变化博弈推动制度创新,因而只有通过不断创新、深化农地制度,实现相关主体利益最大化,才能有效激发农业生产活力,提高农业生产效率。

(二)博弈论

博弈是决策主体在一定条件、规则下,相互对抗过程中的策略和行动过程的集合[④],博弈论是经济学的一种分析工具和分析思路,主要研究个体预测行为、实际行为及个体行为优化策略。博弈论于 1928 年被冯·诺伊曼(Von Neumann)正式提出,并证明了博弈论基本原理,1944 年,在诺伊曼和摩根斯

---

①　郭哲、曹静:《中国农地制度变迁 70 年:历程与逻辑——基于历史制度主义的分析》,《湖湘论坛》2020 年第 2 期。

②　杜润生:《杜润生自述:中国农村体制变革重大决策纪实》,人民出版社 2005 年版,第 39 页。

③　周其仁:《中国农村改革:国家和所有权关系的变化——一个经济制度变迁史的回顾》,《管理世界》1995 年第 3 期。

④　姚国庆:《博弈论》,南开大学出版社 2003 年版。

特恩合著《博弈论与经济行为》一书中阐述了博弈模型的概念及分析方法,建立了博弈论理论基础,随后在 1950—1951 年,纳什在《N 人博弈的均衡点》《非合作博弈》论文中定义了合作博弈、非合作博弈及均衡解,同时证明存在均衡解;塔克定义了著名的"囚徒困境"。① 20 世纪 60 年代,泽尔腾提出了"精练纳什均衡"概念,海撒尼在博弈论分析中引入了不完全信息,70 年代至今,博弈论被广泛运用于多个领域。

博弈的最终目的是赢得更好的利益,博弈的基础是有利可图,因而博弈的基本要素为:参与人也指博弈人数要大于或等于两个以上;参与者要有自己的抉择思考(竞争策略),即解决问题的手段和方法;利益是博弈必不可少的要素之一,利益越大,博弈越激励;同时,参与者还需要了解博弈的相关信息作为依据来制定策略。从博弈的分类看,主要有以下三种:(1)合作与非合作博弈,合作博弈侧重于研究合作双方收益分配问题,非合作博弈侧重于研究策略选择问题,二者区别在于前者强调联盟信息互通及合作约束的可执行契约。②(2)静态与动态博弈,静态博弈指参与人同时或不分先后的选择行动,动态博弈指参与人有先后顺序在不同时点进行的选择行动,区别在于静态博弈不清楚前面行动者的决策,动态博弈可以知晓前面行动者的决策。③ (3)完全与不完全信息博弈,完全信息博弈指参与的相关主体彼此了解各方详细决策信息,不完全信息博弈指参与主体并不完全了解其他参与者的具体决策信息。④

(三)交易费用理论

在当今经济发展过程中,交易费用理论被广泛应用,主要包括企业理论方

---

① 王刚、娄成武:《城郊土地管理困境:中央与地方的"土地博弈"》,《行政论坛》2011 年第 2 期。
② 张建英:《博弈论的发展及其在现实中的应用》,《理论探索》2005 年第 2 期。
③ 江能:《博弈论理论体系及其应用发展述评》,《商业时代》2011 年第 2 期。
④ 胡希宁、贾小立:《博弈论的理论精华及其现实意义》,《中共中央党校学报》2002 年第 2 期。

面、产业理论方面及国家理论方面。交易费用理论最早出现在 1937 年罗纳德·科斯(R.H.Coase)的经典论文《企业的本质》,之后,在他的论文《社会成本问题》中对交易费用概念作进一步具体化和一般化,他认为使用价格机制是有代价的,在契约签订和实施过程中,每个交易环节都会产生相应的费用,包括交易谈判、价格协调、合同拟定及合约监督执行等活动费用,这些费用的总和简称为交易费用。[1] 同时提出了影响重大的"科斯定理",主要观点是零交易费用的局限性,以通过现实社会中的交易成本作为研究对象,所有组织形式都不可避免地会产生额外费用,都存在一定的缺陷性。[2] 威廉姆森对交易费用进一步进行了完善,将交易费用分为事前、事后交易费用,并认为经济活动过程中交易费用是不可避免的,就好比物理学中的摩擦力。事前交易费用指签订协议前涉及的费用,主要包括信息交换、合同起草、合同内容协商、规定义务保障履约等交易前相关过程支出的费用;事后交易费用指协议签订后执行协议过程中出现问题、变动需要更改合同或解除合同等花费的成本,主要包括建立运转成本、错误应变成本、讨价还价成本、监督约束成本等费用。[3] 在此基础上,威廉姆森还分析了交易属性的三个维度:一是交易所涉及的资产专用性,是指对某项特殊用途投入的资产,只有二者结合,才能将资产的价值很好地体现出来,但若与其他用途结合,其资产价值将会降低,甚至失去利用价值;二是交易的不确定性,指信息、行为、预测、突发等的不确定性,当交易不确定性较高时,交易成本也会随着增高;三是交易的频率,即交易过程次数,较高的交易频率在一定程度上可减少交易的不确定性。[4]

---

[1] R.H. Coase, "The Problem of Social Cost", *Journal Law and Economics*, Vol. 3, 1960, pp.1-44.

[2] 周全:《交易费用理论综述》,《现代企业文化》2011 年第 2 期。

[3] O.E.Williamson, *The Economic Institutions of Capitalism*, New York:The Free Press, 1985.

[4] 沈满洪、张兵兵:《交易费用理论综述》,《浙江大学学报(人文社会科学版)》2013 年第 2 期。

第三节　农地制度改革研究动态

一、农地制度改革研究

近年来,一系列中央"一号文件"多次强调,保持农村土地承包关系稳定并长久不变。国外学者通过研究发现,农村土地产权稳定,有利于农业持续投入和稳定发展,认为稳定的土地产权有利于促进经济发展。[1] 在投入品和产出品市场给定的情况下,土地使用权的稳定性和农民对土地及其他农用资产的投资积极性呈正相关[2];认为土地承包期越长,越能够刺激农户投入[3];土地调整越频繁的村庄,农民使用农资投入的密度越低[4];认为稳定的农地产权有利于促进农户对土地的长期投资和农业持续长期的增长。[5] 而国内学者周其仁(1994)、朱民(1997)等研究发现,稳定的农地产权有利于长期改善农地土壤的肥力[6],有利于调动农户土地投资的积极性和土地资源的可持续利用。[7]

国内外学者多维度剖析了农村土地产权的完整性与土地产出率之间的相

---

[1]　T.Besley,"Property Rights and Investment Incentives:Theory and Evidence from China", *Journal of Political Economy*,Vol.103,No.3,1995,pp.903-937.

[2]　G. Feder, *The Economics of Land and Titling in Thailand*. In the Economics of Rural Organization:Theory, Practice and Policy, Edited by K. Hoff, Braverman A., Stiglitz J. F., Oxford University Press,1993.

[3]　G.Li,S.Rozelle and Loren Brandt,"Tenure Land Right and Farmer Investment Incentives in China", *Agricultural Economics*,Vol.19,No.1-2,1989,pp.63-71.

[4]　L.Brandt,J.Huang,G.Li and S.Rozelle,"Land Rights in China:Facts,Fictions and Issues", *The China Journal*,Vol.47,No.6,2002,pp.67-97.

[5]　H.G.Jacoby,G.Li,S.Rozelle, "Hazards of Expropriation:Tenure Insecurity and Investment in Rural China",*American Economic Review*,Vol.92,No.5,2002,pp.1420-1447.

[6]　俞海、黄季焜、Rozell 等:《地权稳定性、土地流转与土地资源持续利用》,《经济研究》2003 年第 9 期。

[7]　周其仁、湄潭:《一个传统农区的土地制度变迁》,见《中国当代土地制度论文集》,湖南科学技术出版社 1994 年版,第 37—104 页。

关性,并从地权稳定性、土地交易权和土地使用权三个维度分析农地产权的完整性。[1] 罗斯高等(Rozelle 等,2000)则从农地产权的安全性、转让权和经营自主权三个维度剖析了我国农地产权完整性对生产率的影响。[2] 刘守英(1993)则从农地产权的完整性对农户主体的行为影响的视角进行了研究。[3] 姚洋(1998)从农地产权完整性角度出发测度了对土地产出率的影响,进而指出限制农地交易权对农地产出率有负面影响,但限制农地使用权却能使农民保持对农地的劳动投入,从而提高农地产出率。[4] 叶剑平(2007)等将农地产权划分为农地使用权、地权稳定性、转让权和收益权,经过赋值对农地产权完整性效应进行量化研究。[5] 洪名勇(2007)等认为,当农地产权制度能够激发农民生产经营的积极性时,农业经济增长就会明显加快;当农地产权制度不能调动农民生产积极性时,农业经济增长速度就会大幅度下降。[6]

我国农村土地制度持续深化改革,促进了农业增长和发展。曲福田等(2001)指出,家庭联产承包责任制的实施,农村土地制度的内在规则发生了变化,解放了农村生产力,调动了农民生产积极性,提高了土地生产率。[7] 张红宇(2002)认为,我国农村土地产权制度经历了土地改革、合作化和家庭联产承包责任制三个阶段的改革。而对于第三个阶段——家庭联产承包责任制,张红宇(2002)认为是"需求诱致性制度改革的范例"。林毅夫(1992、

---

[1]　M.R.Carter,M.Roth,S.Liu et al.,*An Empirical Analysis of the Induced Institutional Change in Post-Reform Rural China. Mimeo*,Department of Agricultural and Applied Economics,University of Wisconsin-Madison,1996.

[2]　S.Rozelle,L.Brandt,L.Guo et al.,*Land Rights in China:Facts,Fictions,and Issues*,Paper of Second International Convention of Asia Scholars(ICAS2)Berlin,2001.

[3]　刘守英:《中国农地制度的合约结构与产权残缺》,《中国农村经济》1993 年第 2 期。

[4]　姚洋:《农地制度与农业绩效的实证研究》,《中国农村观察》1998 年第 6 期。

[5]　叶剑平、徐青:《中国农村土地产权结构的度量及其改造——基于 2001 年和 2005 年中国 17 省农地调查的分析》,《华中师范大学学报》2007 年第 6 期。

[6]　洪名勇、施国庆:《农地产权制度与农业经济增长——基于 1949—2004 年贵州省的实证分析》,《制度经济学研究》2007 年第 1 期。

[7]　曲福田、王秀清、黄贤金等:《资源经济学》,中国农业出版社 2001 年版,第 183—196 页。

1994、2000)应用家庭经营优越性的模型分析表明,家庭联产承包责任制为诱致性农地制度改革创新。[1]

部分国内学者还对我国农村土地产权制度缺陷、产权制度激励进行了研究。高小军(2004)分析了当前我国农村土地产权制度存在的缺陷,主张对农户的土地使用权、收益权和让渡权进行清晰界定,解决好农户缺乏物权和让渡权这一制约农地资源优化配置的核心问题,提出赋予农户土地物权和让渡权以深化农地产权制度改革。樊万选(2008)认为,农地产权制度对农民努力的激励强度,取决于农地产权制度所内含的农民努力供给与收益报酬的一致性。[2] 黄少安等(2005)将农地产权制度的激励效应分为直接效应和间接效应。[3]

综上所述,国内外学者对农村土地制度改革理论探讨较为深入。国内学者对农地制度的研究视角集中体现在土地产权制度变迁和土地流转的理论层面,前人的研究对生态移民聚居区农地确权、流转提供了一定的理论支撑和理论参考。国内学者研究区域多集中在内地沿海发达省份。但对西部生态移民聚居区农村土地制度改革的特殊性及其带来的突出问题与对策的探讨不够深入,尤其是对西部生态移民聚居区农地制度改革面临的一些突出问题和难点的研究不系统。

二、农地改革难点研究

生态移民是一项复杂的系统性工程,涉及面广、建设任务重。西部生态移民聚居区农地产权制度存在诸如产权主体不明确、权属不清晰、产权权能残

---

① 刘燕华:《我国农村土地产权制度变迁与创新研究》,西南财经大学 2011 年硕士学位论文。

② 樊万选:《农地产权与经营制度对农地经营效益的影响》,《郑州航空工业管理学院学报》2008 年第 2 期。

③ 黄少安、孙圣民、宫明波:《中国土地产权制度对农业经济增长的影响:对 1949—1978 年中国大陆农业生产效率的实证分析》,《中国社会科学》2005 年第 3 期。

缺、产权不稳定等问题,使西部生态移民聚居区的农民难以成为土地的真正主人,影响了西部生态移民聚居区农业农村经济持续稳定发展。

为找到生态移民农村地区土地改革的有效实现形式,学界的专家学者进行了大量的探讨。我国土地制度与管理体制改革不到位[1],农地产权主体虚置、产权残缺、承包权不稳定、经营主体分散、管理主体重叠不清、流转机制不规范(汪东升等,2010;冯开文,2013)。生态移民在迁入区土地管理缺位,私开地权属不清;生态移民多以新开发的"生地"为主,农地建设与经营成本负担是制约生态移民迁入地发展的主因;受困于农地制度的生态移民,在移民迁入地存在土地重新调整所引起的置换补偿标准及原住民、移民之间的土地调配利益平衡等问题;迁入地原有的土地使用权利益平衡因土地重新调整、置换而被打破,原住民利益受损且无法得到保障。[2] 而非政策性的自发搬迁生态移民行为,又为迁入地农地私下交易提供了契机,这种交易无法解决外部性问题(科斯,1994),且得不到有效的权益保障,流转困难,其交易成本要高于政策性生态移民的成本。土地资源是制约生态移民可持续发展的因素之一[3];农地紧缺与迁入地经济发展是制约西部民族地区移民脱贫工作的"瓶颈"。生态移民所陷入的土地调配与农地经营困境,症结在于农地经营权流转制度的制约(王龙,2009)和土地政策制定中的制度模糊(陈明等,2011),由此衍生出社会矛盾和冲突(唐茂华等,2011)。[4]

三、相关举措研究动态

农村土地产权问题是农村经济发展的基本问题,它承载着很多的经济关

---

① 韩俊:《中国"三农"问题的症结与政策展望》,《中国农村经济》2013年第1期。
② 王龙:《农地经营权流转与宁夏生态移民发展研究》,《宁夏社会科学》2009年第2期。
③ 金莲、王永平、周丕东、黄海燕:《制约少数民族生态移民可持续发展的因素探究》,《生态经济》2012年第11期。
④ 张体伟:《生态移民聚居区农地制度改革难点及路径选择》,《云南社会科学》2016年第6期。

系和社会职能,土地产权制度改革的过程就是一个权利再分配的过程,其形式主要体现在政府与农民之间的利益分配。所以,完善农村土地产权制度对国家、集体、农民的合理财产分配提供了制度保障。

针对上述问题,学者认为,农地制度的改革创新是推进生态移民迁入地农村经济发展的原动力(王龙,2009),还提出了以下几方面的建议:一是须解决生态移民安置的土地问题(常艳,2008),创新土地制度,释放资本化红利(辜胜阻,2010);确立农民的主体地位,建立"平等、自愿、有偿"的土地流转机制(陈锡文,2002);改革土地制度,完善流转政策,赋予农民更多的土地权益(马晓河,2012),适度给予生态移民土地发展权(王永莉,2008)。明晰农地产权归属,赋予农民完整的土地产权(赵国旋,2007;陈永志、黄丽萍,2007)。部分学者认为,应确定农户土地承包经营权为财产权(罗夫永、何伦志,2006)。二是健全完善土地流转市场机制(孙瑞玲,2008;傅晨、范永柏,2007);建立"产权明晰,用途管制;市场主导,竞争定价"的土地市场(党国英,2013)。三是建立完善的社会保障制度(孙瑞玲,2008);明晰产权,通过土地整理,新增耕地用于生态移民安置(王龙,2009);规范政府行为,健全农村社保体系和土地流转服务体系,探索土地流转新途径(李晓冰,2011;何钢,2012)。四是开展确权登记、改革征收制度、优化增值利益分享机制(于华江等,2011)。五是建立健全农地承包经营权流转政策及法律保障体系,推动土地流转立法,修改完善现行相应的法律法规(曾新明等,2006)。制定和落实好土地政策,完善土地承包合同(田晓娟,2013)。另外,国家需要强化对土地流转市场监管,规范农地流转市场行为(罗夫永、何伦志,2006),完善农民自治制度(李钢,2009),处理好平台组织与政府或村委会之间的关系(邹伟、何孟飞,2009),促进土地物权化、财产化、资产化(唐茂华等,2011)。

农地产权制度的核心是耕作权。一定要让种地的人珍惜土地,有稳定预期,愿意在土地上投资。农地的主要功能是产出农产品,我国西部民族地区生态移民聚居区农村土地制度改革存在其特殊性和复杂性。本书基于对云南省普洱市思茅区和江城县、宁夏回族自治区银川市永宁县等典型地区的调研,拟分析西部生态移民聚居区农村土地制度改革中面临的诸多问题和困难,并提出解决路径。笔者认为,一是要推动生态移民聚居区农地确权登记颁证的高层设计和制度安排;二是要借鉴生态移民搬迁的有益做法,分配给非政策性移民特殊群体土地;三是要大力探索生态移民安置的农村土地新政策;四是要不断创新生态移民聚居区农地制度和管理体制。

第四节　农地确权及流转研究概况

一、农地确权及流转研究动态

国内对农地确权、流转的探索始于 20 世纪 80 年代中后期,自党的十七届三中全会以来,农地确权、流转已成为学界研究的热点。学界认为,中国农地产权制度的政策设计和实施都是围绕土地使用制度安排的。中国农地产权问题的核心,是土地使用权问题,而使用权问题的核心,是树立农户对土地使用的预期信念和土地资源合理配置问题。[①]　土地制度是农村的基础制度,是影响农村地域人口流动的核心因素。学者还从农地产权制度、地位作用、权益保障、确权主体、流转与适度规模经营等视角进行了深度研究。从内在逻辑看,农地确权是农地制度改革的关键环节,需同经营权流转、新型农业经营主体培育有机结合,且其相互影响、密不可分。农地确权助推经营权健康有序流转,经营权流转催生新型农业经营主体,新型农业经营主体发展引导和促进农地经营权流转。

二、农地确权与流转行为的影响因素研究

现有文献针对农民土地确权参与行为分析的研究较少,李兵和吴平的研

---

① 张红宇:《中国农村土地产权政策:持续创新——对农地使用制度变革的重新评判》,《管理世界》1998 年第 6 期。

究结果表明,务农收入比重、土地功能、土地面积、是否有土地流转等变量对农户确权参与行为有显著影响。[①] 研究农户土地转出行为的文献相对丰富,但主要聚焦于一般农户的土地转出行为,研究发现农户劳动能力越弱,地权越稳定,非农收入比重及土地平均流转价格越高,农户越容易发生土地转出;[②]男性户主、家庭劳动力人数比重大、家庭收入以非农林收入为主的农户容易发生林地转出[③];农户血缘情结越深,政策、社会保障、转出价格满意度越高,越倾向于转出土地;土地收入占比及耕地总面积越大,农户土地转出概率越低。[④]农户土地转出行为受到户主年龄、职业、家庭收入水平与来源、农地面积、农地承包期等内部因素的影响。[⑤] 农户外出务工人员占比、年人均收入、村镇距离变量正向影响农户土地转出行为,劳动力人数与农户土地转出呈反相关。[⑥]也有文献对生态移民农地转出行为进行了分析,通过 Logit 回归发现,移民年均人收入、非农收入及租金水平越高,劳动力数量越少、对土地政策越了解的农户越倾向于转出土地。[⑦]

三、农地确权与流转制度障碍及对策研究

现有以农地制度为核心的农村体制框架决定了生态移民迁入地经济发展

---

① 李兵、吴平:《农户农地确权认知与参与行为影响因素分析——以邛崃市为例》,《中国农学通报》2011 年第 8 期。

② 黎霆、赵阳等:《当前农地流转的基本特征及影响因素分析》,《中国农村经济》2009 年第 10 期。

③ 孔凡斌、廖文梅:《基于收入结构差异化的农户林地流转行为分析——以江西省为例》,《中国农村经济》2011 年第 8 期。

④ 谭永海、梅昀:《分布式认知视角下农户土地转出行为影响因素分析——基于武汉城市圈典型地区的调查》,《资源开发与市场》2018 年第 4 期。

⑤ 宋辉、钟涨宝:《基于农户行为的农地流转实证研究——以湖北省襄阳市 312 户农户为例》,《资源科学》2013 年第 5 期。

⑥ 陈素琼等:《代际差异间劳动力转移对农户土地流转行为的影响——以辽宁省 501 个农户样本为调研分析数据》,《沈阳农业大学学报(社会科学版)》2016 年第 1 期。

⑦ 赵旭等:《就业结构调整对水库移民土地流转的影响研究——以南水北调中线工程移民为例》,《中国农业资源与区划》2018 年第 10 期。

中土地产权所有者、经营权所有者、生产资本、产品及收入分配之间的关系组合。生态移民农地面临诸多权属纠纷和流转困难，症结在于农地经营权流转制度的制约①和土地政策制定中的制度模糊。而非政策性的自发生态移民行为，缺乏有效权益保障且流转困难，其交易成本高于政策性生态移民的成本。长期来看，需解决生态移民安置的土地问题，通过土地整理，新增耕地用于生态移民安置，明晰产权，适度给予生态移民土地发展权。在确权基础上，建立农地产权流转交易中心和"产权明晰，用途管制，市场主导，竞争定价"的土地市场②，减少新型农业经营主体获得农地经营权成本，保障农户土地流转权益。通过梳理文献发现，目前关于生态移民农地确权参与、转出行为的影响实证分析文献比较缺乏，还需进一步探索研究。

四、农地确权、流转与新型农业经营主体培育的内在逻辑

农地确权、流转与新型农业经营主体培育有其内在逻辑。市场、产权、土地等农经制度（约瑟夫·斯蒂格利茨，2009）是决定新型农业经营主体培育的核心变量（王国敏等，2014）。国内对农地确权、流转探索始于20世纪80年代中后期，党的十七届三中全会以来，农地确权、流转已成为学术界研究热点。学者认为，土地是农民最重要的资产且享有其占有支配、经营使用、自主决策、收益处置等权益（冯继康，2006），土地经营承载生产、就业、预期、保障等功能（张红宇，2002）。土地制度是农村的基础制度（陈锡文，2013），是影响农村地域人口流动的核心因素（黄忠怀等，2012）。③ 学者还从农地产权制度（傅晨，2009）、地位作用（郑新立，2008）、权益保障（韩俊，2013）、确权主体（张红宇，1998）、流转与适度规模经营（孔祥智，2013）等视角进行深度研究。而对新型

① 王龙：《农地经营权流转与宁夏生态移民发展研究》，《宁夏社会科学》2009 年第 2 期。
② 党国英：《论我国土地制度改革现实与法理基础》，《理论参考》2013 年第 6 期。
③ 张体伟：《生态移民聚居区农地制度改革难点及路径选择》，《云南社会科学》2016 年第 6 期。

农业经营主体研究始于 20 世纪 80 年代初期的合作经济研究,2013 年中央
"一号文件"出台以来,国内学者对新型农业经营主体研究呈现"井喷"态势,
主要从发展方向(陈锡文,2013)、内涵(吴金明,2014)、类型和特征(黄祖辉
等,2010)、制约因素、政策建议(韩俊,2014;孔祥智,2014)等领域进行了探
索。农地确权是农地制度改革关键环节,需同经营权流转、新型农业经营主体
培育有机结合且相互间互为影响、密不可分。农地确权助推健康有序流转,经
营权流转催生新型农业经营主体;新型农业经营主体发展引导和促进农地经
营权流转。培育和发展新型农业经营主体首要问题是能否获得农地经营权,
农地经营权流转首要前提是农地确权。[1] 农地经营权是否流转给新型农业经
营主体取决于农田基础设施状况及评判新型农业经营主体经营效益的
标准。[2]

---

[1] 张海鹏、曲婷婷:《农地经营权流转与新型农业经营主体发展》,《南京农业大学学报(社
会科学版)》2014 年第 5 期。

[2] 贺雪峰:《澄清土地流转与农业经营主体的几个认识误区》,《探索与争鸣》2014 年第
2 期。

第二章　西部生态移民农地确权、流转总体调研现状

本书在相关理论文献资料收集整理的基础上,选取了有代表性的宁夏回族自治区银川市永宁县、云南省普洱市思茅区及江城县等典型地区,深入开展实地调研,多渠道获取并验证一手资料,掌握生态移民聚居区农地确权、流转和新型农业经营主体培育的现状。

第一节　调研过程及概况

本书拟将社会学、农村发展、制度经济、计量经济等学科理论方法和工具,综合运用到生态移民聚居区农地确权、流转及新型农业经营主体培育研究问题分析中。同时,本书采取理论与实践、定性与定量、静态与动态相结合的方法,在系统实证研究和规范理论分析基础上,坚持历史与现实统一、学术性和政策性相衔接,突出创新性和应用性。为此,本书分以下四个阶段开展研究,获取研究所需的第一、二手资料和数据,为后续研究奠定了扎实基础。

一、调研过程回顾

2016年9月—2017年8月:文献研究阶段。通过采用相关文献和二手资

料收集整理的研究方法,对国内外生态移民及农地产权制度研究现状、相关理论、生态移民聚居区农地制度变迁和农地确权、经营权流转及新型农业经营主体培育研究动态进行文献梳理和综述,为本书深入开展奠定了文献资料基础。

2017年9月—2018年9月:预调研阶段。本项目组成员赴云南省普洱市、贵州省黔西南州,聚焦政策性生态移民和非政策性自发搬迁移民群体,通过实地调研和部门访谈,从专家、部门收集并反馈意见,对政府部门、龙头企业、专业合作社等新型农业经营主体、村委会、村小组、调研农户等主体分类开展访谈,多渠道获取生态移民聚居区农地权属变迁、农地确权流转现状及新型农业经营主体培育情况的一手资料。

2018年10月—2019年10月:集中开展田野调研阶段。一方面,采用参与式调查法和个案研究法,通过小组访谈、关键信息人访谈等探索生态移民聚居区农地确权、流转及新型农业经营主体培育面临的困惑和难点,分析存在的问题及原因。另一方面,课题组赴云南省普洱市、宁夏回族自治区银川市等生态移民聚居区大力开展入户问卷实地调研,问卷录入后形成《西部生态移民聚居区农地确权、流转与新型农业经营主体培育研究问卷数据库》,为实证量化分析提供了大数据支撑。

2019年11月—2020年11月:问卷数据库利用开发阶段。采用定量分析法,整理问卷调研及实地调研数据,运用Logistic二元回归模型对生态移民聚居区农地确权、流转及新型农业经营主体培育的影响因素进行实证分析和评估,找出影响农户确权、流转的关键性因素,探索农地确权、流转制度的改革路径和关键着力点。其间,分工撰写总报告及若干专题研究报告,并坚持问题导向、强化问题意识,着力转化研究成果,根据调研发现的问题,提炼形成咨询研究报告。

二、调查区域选择

本书在文献研究的基础上,在田野调研中,采取随机抽样、集中一对一访谈、入户访谈等方式,选取了有典型性、代表性的云南省、宁夏回族自治区、贵州省

3省(区)、3市(州)、5县(市、区)、8个乡镇、10个村作为案例调研点,集中开展问卷调研,共收回650份问卷,其中有效问卷605份,有效回收率为93%。

第二节　生态移民农地确权、流转现状

通过生态移民农户问卷调研录入后形成的数据库分析,一方面,了解调研的生态移民农户资源禀赋状况及其迁移特征、经济特征;另一方面,掌握生态移民农地确权和流转的概况。

一、生态移民样本户概况

从被调查移民农户基本情况(见表2-1)来看,调研样本中46—60岁年龄段人数最多,有237人,占比为39.2%;90.4%的移民文化程度为初中及以下学历,高中及以上学历仅占9.6%;移民职业主要以"纯农业"和"以农业为主",占比为71.4;移民家庭规模,5—6人户数最多,有255户,占比为42.2%,其次为3—4人的户数,有238户,占比为39.3%;移民家庭劳动力人数,2人及以下的户数较多,有402户,占比为66.4%。

表2-1　受访生态移民样本户的人口特征

项目	类别细化	样本量	百分比(%)
被访农户年龄	25岁及以下	30	5
	26—35岁	103	17
	36—45岁	170	28.1
	46—60岁	237	39.2
	61岁及以上	65	10.7
文化程度	没上过学	80	13.2
	小学	291	48.1
	初中	176	29.1
	高中及以上	58	9.6

续表

项目	类别细化	样本量	百分比(%)
职业类型	纯农业	118	19.5
	以农业为主	314	51.9
	以副业为主	78	12.9
	纯副业	95	15.7
家庭总人口数	1—2 人	47	7.8
	3—4 人	238	39.3
	5—6 人	255	42.2
	7 人及以上	65	10.7
家庭劳动力人数	2 人及以下	402	66.4
	3—4 人	171	28.3
	5 人及以上	32	5.3

资料来源:《西部生态移民农地确权、流转与新型经营主体培育研究》农户问卷调研数据表。

二、生态移民样本户特征

梳理移民迁移区域类型,跨州(市)省内迁移户数最多,有 365 户,占比为 60.3%;州(市)内迁移户数有 142 户,占比为 23.5%;县内迁移户数为 98 户,占比为 16.2%。从移民的搬迁时间来看,于 1990—1999 年搬迁的移民户数为 223 户,占比最大,为 36.9%;于 2000—2009 年搬迁的移民户数有 170 户,占比为 28.1%;于 2010—2017 年搬迁的移民户数为 194 户,占比为 32%;在 1984—1989 年搬迁的移民户数最少,有 18 户,占比为 3%(见表 2-2)。

表 2-2 生态移民样本户的迁移特征

项目	类别细化	样本量	百分比(%)
迁移区域类型	县内迁移	98	16.2
	县外州(市)内迁移	142	23.5
	州(市)省内迁移	365	60.3

续表

项目	类别细化	样本量	百分比(%)
迁入时间	1984—1989 年	18	3
	1990—1999 年	223	36.9
	2000—2009 年	170	28.1
	2010—2017 年	194	32

资料来源:《西部生态移民农地确权、流转与新型经营主体培育研究》农户问卷调研数据表。

通过调查移民当前生活水平,认为生活中等水平的有 300 户,占比为 49.6%;认为生活比较困难及中下的农户有 271 户,占比为 44.8%;认为生活水平好的农户有 34 户,占比仅为 5.6%。移民经济收入中,土地经营收入占比为 30% 以下的比例最大,为 39%;其次是土地经营占比为 31%—50% 的农户,比例为 17.7%。从移民搬迁后经济变化来看,认为有提高的(略微提高、明显提高)农户有 422 户,占比为 69.8%,认为差不多的户数有 154 户,占比为 25.4%;认为下降(略微下降、明显下降)的有 29 个,占比为 4.8%(见表 2-3)。

表 2-3　生态移民样本户的经济特征

项目	类别细化	样本量	百分比(%)
当前经济状况	比较困难	126	20.8
	中下	145	24
	中等	300	49.6
	好	34	5.6
土地经营收入占比	30% 以下	236	39
	31%—50%	107	17.7
	51%—70%	94	15.5
	71%—90%	62	10.3
	91% 以上	106	17.5

续表

项目	类别细化	样本量	百分比(%)
搬迁后经济变化	明显下降	15	2.5
	略微下降	14	2.3
	差不多	154	25.4
	略微提高	277	45.8
	明显提高	145	24

资料来源:《西部生态移民农地确权、流转与新型经营主体培育研究》农户问卷调研数据表。

三、样本户农地确权概况

(一)农地确权人口核定及政策规定

以调研的云南省普洱市为例,针对已落户并长期生活在普洱市的政策性移民,给予跨州市政策性移民配置生产资料,配置标准按照产业地人均2亩、饲料地人均1亩、林用地户均5亩、宅基地人均不超过30平方米(户均不超过150平方米)的实测标准进行配置。[①] 从农地配置确权人口核定看,确保资源合理、有效分配,采取移民区农地配置人口核定政策:(1)农地配置确权实行"两增两减,不得重复"的基本原则,"两增"指嫁入与合法生育的人口,"两减"指嫁出与死亡的人口,"不得重复"是指婚嫁前后为两个村镇的,若婚前村镇也配置农地的,就不再重复配置。农地确权采取确权确地方式,并鼓励农户互换细碎农地,方便农地经营。(2)对于顶替落户的政策性移民,不属于政策核定迁移人口,不予配置确权生产生活用地;对户在人不在的政策性移民(不含死亡未销户的人员),若符合配置政策的由本人规定时间内提交配置申请并办理手续后,按现行政策给予配置确权,逾期后不再进行配置。(3)关于移

---

① 资料来源:中共普洱市思茅区委、区政府《关于印发思茅区解决昭通、怒江跨州市政策性移民安置历史遗留问题实施方案的通知》(思发〔2018〕11号文)。

民"农转城"人员,按照政策给予生产生活资料地配置确权,并允许其依法进行土地承包经营权流转。(4)对计划生育超生的子女不予配置生产生活用地。(5)关于从国外嫁入无法落户的人员,其本人不享有农地分配政策,但其所生子女不超"二孩"且已登记落户的子女可以享有同等农地分配政策。

为顺利推进移民农地配置确权工作,对移民农地其他问题作出以下政策规定:(1)对已配置生产用地而又私下进行转让的政策性移民,按现行政策标准,超过配置标准的部分需退回超出部分土地流转资金,不足部分给予补齐。(2)对政策性移民已给当地村民流转了农地,并满足配置标准的,按现行农地流转价格给予货币补偿后,办理确权手续;对因地域、土地资源、土地权属等条件限制,无法给移民农户按政策标准配足的部分农地,在移民农户同意的情况下,不足部分农地可采取货币补偿;关于插花安置的政策性移民生产资料配置,先由移民与当地愿意转让土地的农户进行协商流转,流转费用通过政府按标准进行货币补偿,待土地流转手续办理后,给予办理农地确权。(3)原配置给移民的生产生活资料,因政府重点工程建设征用占用的,移民已享受征占补贴,不再给予重新配置。

（二）农地确权基本流程

生态移民聚居区农地确权遵循相关流程(见图2-1)。政策性生态移民农地确权坚持"依法依规、尊重历史、尊重民意、保障移民农户土地权益、因地制宜、有序稳步推进"的六大原则,主要分三大步骤进行推进。

第一步:(1)在广泛调研相关部门领导、专家,并组织开会的基础上,由州(市)、县(区)根据国家法律法规、省级政府意见方案,制定出台科学合理、具有可操作性的生态移民聚居区农地确权方案,方案要明确确权工作的目标、原则、任务、步骤和要求,做到工作流程统一、技术规程统一、宣传口径统一、政策解答统一、材料归档统一,确保农地确权公平公正、落到实处。(2)各乡镇部门依据州(市)、县(区)出台下发的生态移民区土地承包经营权登记颁证工作

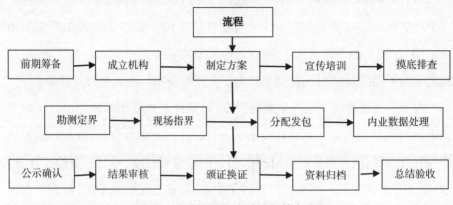

图 2-1　生态移民区农地确权基本流程

实施方案(含生态移民农地历史预留问题处理方案)及相关精神文件,组织召开政策性移民农地确权工作会议,同时成立农地确权领导小组和工作小组,并结合本地实际情况,按照"一村一策,一组一案"要求,细化政策性移民农地确权工作方案,报区领导小组审批后实施。(3)在农地确权工作开展前,组织召开移民聚居区村民代表会议、群众会议,做好土地、林业等相关政策、实施方案的解读与宣传培训,进一步提高移民群众权属意识和思想认识,引导群众积极配合开展工作。(4)对移民户数、移民信息、家庭人口、移民农户用地现状、农地权属纠纷进行调查摸底,对早期进行过农地确权的移民农户要进一步核实承包合同、承包经营权证及相关原始档案资料,保证每一宗承包地信息的真实性、唯一性和一致性。对存在土地权属纠纷的地块,基层工作人员要积极引导移民群众通过合理合法有效途径化解纠纷矛盾,避免发生群众过激行为和集体事件。一般土地纠纷问题,可依照现实,弄清真相,采取协商、调解的方式妥善处理;对涉及面广,影响较大的土地确权问题要采取"保持稳定、尊重历史、照顾现实、分类处理"原则先由村委会协商解决,并将协商意见报镇(乡)政府,镇(乡)政府无法裁决的,报县(区)政府处理。

　　第二步:(1)由专业测绘机构根据地形图、土地利用现状对各村组农地面积进行勘测定界,以村或村小组为单位绘制地籍调查工作图。(2)由镇、村、组工作小组、农户、测量技术人员共同确认农户承包所属地块、四至面积、承包人相关信息,确认无误后由承包人或委托人当场在地籍草图上签字确认。(3)由测绘公司将调查勘测信息(含移民农户身份信息、移民农户签字确认的地块资料)进行统计整理,并与相关登记部门数据进行对比、核实,确认无误后,导入系统,建立产权信息数据库。

第三步:(1)镇(乡)工作小组对《地籍公示图》《土地承包经营权调查信息公示表》核定后向村民进行为期7天的公示,如有异议的移民农户由本人提出申请重新勘测定界、核定确认、签字,并修正结果重新公示。对公示结果无异议的移民农户,由发包方与移民农户在《农村土地承包经营权公示结果归户表》上签字确认,然后存档备案。(2)村委会将移民农户确权登记资料(含地籍图、表格数据信息、文字报告)整理汇总后,提交镇农村土地承包管理部门审核,经镇农村土地承包管理部门审核,符合确权登记规定的,再上报区人民政府依法颁发农村土地承包经营权证书。(3)为真实记录生态移民聚居区农地确权登记进程、登记结果,要严格规范移民聚居区土地承包经营权登记档案管理,坚持区、镇、村、农户四级管理体系,对发现资料有误的地方要及时核对,以确保资料准确、完整、安全。农地确权资料整理归档由档案部主要负责,农业部门配合,完成整理归档后,提交土地承包经营权登记机关集中保管,并依法按期移交区级档案管理部。(4)农地确权登记颁证工作结束后,要对确权登记颁证工作进行自查和总结,对地块不实、四至界线不准、土地承包经营权证书发放不到位、土地承包经营权证书与实际地块信息不符、档案管理不规范问题,一一审查、落实,并形成报告提交镇(乡)农村土地确权颁证领导小组办公室。

根据《中华人民共和国森林法》《中华人民共和国土地管理法》《中华人民共和国农村土地承包法》,开展生态移民区农地确权工作,完成前期农地确权方案制定,移民农户人口核定,农户土地权属、纠纷问题排查、土地生产资料核实及农地确权政策、方案培训宣传,妥善解决生态移民农地问题,维护移民土地权益,有效促进移民区农业经济发展。

(三)样本户农地确权概况

在605份生态移民样本调查问卷中,确权移民农户有343份,占样本总量的56.7%,未确权移民农户有262份,占样本总量的43.3%。没有完全确权的原因:一方面是部分移民村还未开展农地确权或正在开展农地确权;另一方面是部分移民条件不符合政策规范或农地权属不清等问题,因而没有完成农地确权。通过调查统计,样本移民农户确权过程中遇到或即将遇到的具体问题见表2-4:认为由农地面积确定和边界纠纷引发的问题户数有120户,占比为19.8%;由家庭成员身份变更引发确权问题的有81户,占比为13.4%;由集体成员资格权引发确权问题的有33户,占比为5.5%;样本中因土地非法流转引发的确权问题有60户,占比为9.9%;因自开地引发的确权问题户数43户,占比为7.1%;因个人权益引发的确权问题户数22户,占比为3.6%。认为确权没有任何问题的农户有246户,占比为40.7%。综上可知,样本移民农户中有59.3%的农户认为农地确权中存在或即将存在问题,40.7%的农户认为确权中没有遇到或即将不会存在任何问题(见表2-4)。根据调研分析,以上问题主要原因在于:生态移民聚居区人员流动频繁、政策性与非政策性移民交织、农地问题错综复杂、移民农地确权政策不完善等原因,引发诸多农地确权问题。

表2-4 样本移民农户确权中存在的问题统计

问题	样本量	百分比(%)
面积确定和边界纠纷引发的问题	120	19.8
家庭成员身份变更引发的问题	81	13.4
集体成员资格权引发的问题	33	5.5
土地流转引发的问题	60	9.9
自开地引发的问题	43	7.1

问题	样本量	百分比(%)
个人权益等引发的问题	22	3.6
没有任何问题	246	40.7

资料来源:《西部生态移民农地确权、流转与新型经营主体培育研究》农户问卷调研数据表。

四、样本户农地流转概况

在 605 份样本调查问卷中,发生农地转出的移民农户有 160 份,占样本总量的 26.4%,未发生农地转出的移民农户有 445 份,占样本总量的 73.6%。160 份发生农地转出的农户中,有 149 份农地已确权,占比为 93.1%,有 11 份未进行农地确权,占比为 6.9%。从农地流转去向看,流转给农业经营主体的农户有 143 户,占比为 89.4%,村民与村民间自发流转的户数有 17 户,占比为 10.6%。从农地流转方式看,有 70 户农户选择租赁流转方式,占比最大,达 43.7%;选择入股流转方式的有 59 户,占比为 36.9%;选择转让流转方式的有 24 户,占比为 15%;选择转包流转方式的户数最少,仅 7 户,占比为 4.4%。从流转合同看,有书面合同的农户有 140 户,占比为 87.5%,没有书面合同的农户只有 20 户,占比为 12.5%。从流转原因来看,因为村组组织流转而流转土地的有 90 户,占比最大,达 56.2%;因从事非农产业流转土地的有 32 户,占比为 20%;因缺乏劳动力流转土地的有 25 户,占比为 15.6%;因缺乏资金和技术的户数有 13 户,占比为 8.2%(见表 2-5)。

表 2-5　样本移民农户土地转出基本情况

项目	类别	样本量	百分比(%)
是否确权	确权	149	93.1
	未确权	11	6.9

续表

项目	类别	样本量	百分比(%)
流转去向	农业经营主体	143	89.4
	本村成员	17	10.6
流转方式	租赁	70	43.7
	入股	59	36.9
	转让	24	15
	转包	7	4.4
流转合同	书面协议	140	87.5
	口头协议	20	12.5
流转原因	村组组织流转	90	56.2
	从事非农产业	32	20
	缺乏劳动力	25	15.6
	缺乏资金	10	6.3
	缺乏技术	3	1.9

资料来源:《西部生态移民农地确权、流转与新型经营主体培育研究》农户问卷调研数据表。

第三节 新型农业经营主体农地流转概况

随着生态移民聚居区农村劳动力转移就业规模不断扩大,生态移民选择就业增收的渠道不断拓展,许多生态移民离开长期依赖的土地,外出打工就业寻求致富门路,这在一定程度上加速了农村土地流转。生态移民聚居区逐步由农户间自主零碎的转让、互换向农业大户、企业、合作经济组织等新型农业经营主体连片、成规模地出租、转包、入股发展。通过宁夏回族自治区永宁县的调研,截至2019年9月,全县土地承包确权面积完成率达95.4%,确权颁证到户完成率达98.8%。流转土地面积223441.0亩,占全县总耕地面积的46.2%。①

① 资料来源:永宁县农经管理站提供的《永宁县土地确权、土地流转与新型农业经营主体培育情况》,2019年9月25日。

通过对云南省普洱市的调研,截至 2018 年 6 月底,全市农村家庭承包流转耕地面积为 60.2 万亩,占家庭承包合同面积 423 万亩的 14.2%。其中,租赁(转包)46.4 万亩,占流转总面积的 77.1%;转让 5.4 万亩,占流转总面积的 9.0%;互换 1.2 万亩,占流转总面积的 2.0%;股份合作 4.45 万亩,占流转总面积的 7.4%,其他流转方式有 2.75 万亩,占流转总面积的 4.5%。流转入农户的面积 22.6 万亩,占流转总面积的 37.5%;流转入合作社的面积 5.99 万亩,占流转总面积的 10.0%;流转入企业的面积 18.65 万亩,占流转总面积的 31.0%;流转入其他经营主体的面积 12.96 万亩,占流转总面积的 21.5%。普洱市规模经营在 50 亩以上的面积 16.55 万亩。其中,规模在 500—100 亩的有 8.89 万亩,100—300 亩的有 1.81 万亩,300—500 亩的有 1.08 万亩,500—1000 亩的有 2.68 万亩,1000 亩以上的有 2.09 万亩。①

通过对云南省普洱市思茅区、江城县及宁夏回族自治区银川市永宁县的调研,605 户调研样本户中,生态移民农户发生土地流转行为的共有 160 户,占样本户的 26.4%。其中,流转到种植大户手上的有 7 户,流转给家庭农场 12 户,流转给农民专业合作社的有 38 户,将土地流转给农业企业的有 74 户,流转给其他农业经营主体有 29 户(见图 2-2)。

过去,生态移民聚居区的土地流转主要集中在农户之间,现在参与生态移民农户土地流转的,除一般农户外,主要集中在专业大户、家庭农场、农民专业合作社、农业企业公司等新型农业经营主体。通过流转,土地向种养大户、致富能手、专业合作社、龙头企业适度规模集中,提高土地资源利用效率和产出率,优化农业产业结构,推动现代农业发展,为实现农业农村现代化奠定基础。例如,通过"公司+基地+合作社+农户"产业化发展模式,普洱市江城县三国庄园茶叶有限公司,在康平、整董 2 个乡镇流转集体林地和荒山,投资 7000 多万元,连片开发种养殖结合的高原特色生态农业 5 万亩;江城县鸿耀柑橘农民专

---

① 资料来源:普洱市农业农村局提供的《2018 年上半年普洱市农村土地经营承包流转情况报告》。

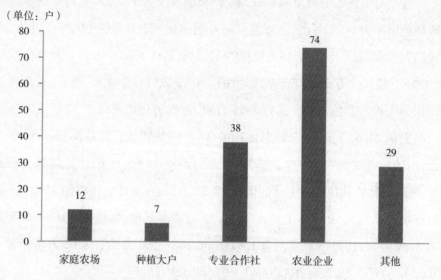

图 2-2 　生态移民样本户农地流转到新型农业经营主体情况

业合作社流转康平镇 147 户农户的土地 7000 亩用于种植柑桔,农户得到地租收入 1176 万元(流转周期 36 年),户均收益 8 万元,同时农户为公司打工人均劳务收入 1.57 万元;江城县三江源香蕉专业合作社租农地发展香蕉产业 5 万亩。

第四节　农地确权流转总体调研结果

通过对样本移民农户农地确权、农地转出实施现状进行描述性统计分析发现,生态移民聚居区农地确权矛盾、问题还比较突出,数据显示,59.3%的农户反映在农地确权过程中存在或即将存在问题。一是部分移民区因地处偏僻、农地安置落实滞后、管理不严等原因,使早期移民自行开发荒地、林地现象普遍,这部分土地因不符合当前农地确权政策,由此激化移民、政府双方矛盾。二是部分移民为增加农业收益在分配地原面积基础上自行扩张土地面积,致使后期农地确权测量面积、边界不一致,引发确权问题。三是生态移民聚居区,移民政策、户籍政策、农地政策不完善,因而在有关家庭成员身份变更,集体成员资格申请政策方面存在"一刀切"的情况,进而损害移民农地权益。四是生态移民聚居区,人员流动频繁,为农地私下非法交易提供了契机,引发了农地确权纠纷。五是个别移民聚居区由于土地、资金等问题,部分移民土地面积、数量未足额分配,使移民权益不能得到有效保障,影响农地确权进展。

移民农地转出过程中,605 份调查样本,发生农地转出的仅有 160 份,占比为 26.4%,说明移民聚居区农地流转规模不经济。在发生农地流转的调查农户中,完成农地确权的农户土地流转概率远高于没有完成农地确权的农户。农户农地流转推进动力主要来自新型农业经营主体及村组组织,村民自发进行流转土地的户数较少。在农地流转合同方面,大部分农户有签订书面合同,但这一现象并非表明农户法律意识有所提高。据调查,在签订了农地流转合同的农户中,大部分农户由村组组织流转,统一签订流转合同,在自发流转土地的农户中,存在一定比例的农户未签订农地流转合同。由此说明,移民聚居区农地流转市场发育滞后、农地流转规模不太乐观、农业生产规模不经济。调研发现,特别在交通不便,以山地为主的区域,农地规模流转阻力大,农业生产效率低,移民脱贫致富成效不显著。

第三章 云南省普洱市生态移民农地确权与流转案例调研

对于外迁移民而言,土地是其移民搬迁重建过程中最为迫切的关键性资源。对于绝大多数移民而言,土地具有身份认定、社会保障和经济收益的功能,其在很大程度上决定和影响了移民社区适应和社区融合。那么,开展农村土地确权登记,将土地承包经营权以用益物权形式固化于农户,明确承包归属,不仅保障了农户承包权益,对于移民而言可以提高其在安置地的安全感、认同感和归属感。为此,本书通过案例调研,对云南省普洱市生态移民聚居区农地确权、流转等问题进行了重点调研。

第一节 调研点基本概况

普洱市,位于云南省西南部,东临红河、玉溪,南接西双版纳,西北连临沧,北靠大理、楚雄。东南与越南、老挝接壤,西南与缅甸毗邻,是云南省面积最大的州(市)。由于地处北回归线附近,受地形、海拔影响,垂直气候特点明显。①较为优越的自然环境和丰富多样的生物资源,使普洱市成为"七彩云南"丰富

---

① 普洱市人民政府网站,http://www.puershi.gov.cn/。

性和多样性的缩影,也成为生活在"一方水土养不活一方人"的生态脆弱地区的移民安置之地。调查了解到普洱市生态移民聚居区主要集中安置云南省内跨州市的移民。

普洱市接收跨地州移民始于 20 世纪 90 年代。1996 年,易地开发扶贫作为一项扶贫措施提到了云南省人民政府的重要议事日程。1997—1998 年,云南省陆续启动了 11 个易地开发扶贫区建设试点,实施了跨地州转移安置、跨县转移安置、县内就近转移安置、劳务输出等不同转移方式。1999 年 3 月,云南省政府出台了《关于实施易地开发扶贫的决定》,标志着云南省易地开发扶贫进入全面启动阶段。

自 1996 年 10 月被列为云南省实施跨州(市)易地扶贫试点县(区)后,分别与怒江州泸水县、福贡县,昭通市昭阳区、永善县、鲁甸县、大关县、巧家县、镇雄县签订了跨州(市)转移安置移民协议,跨州(市)移民开始进入普洱市。1997 年后,部分投亲靠友和外来务工人员通过购买或非法占有生产生活资料定居在生产生活条件较好的移民开发区。这部分移民主要集中居住在思茅区和江城县两个县(区)。

目前,两县(区)共有跨州(市)政策性移民 7166 户 28263 人,占两县(区)总人口的 6.5%。居住在思茅区的政策性移民有 5439 户 21262 人[跨州(市)移民 3919 户 15689 人、市内区外移民 1520 户 5573 人],占思茅区总人口的 6.9%。主要分布在倚象镇、思茅港镇、六顺镇、龙潭乡、南屏镇、思茅镇,其中,倚象镇有易地移民 4069 户 16021 人;思茅港镇有易地移民 277 户 1071 人;六顺镇有跨州(市)移民 438 户 1742 人;龙潭乡有跨州(市)移民 195 户 805 人;南屏镇 441 户 1542 人;思茅镇 19 户 81 人。①

居住在江城县政策性移民 1727 户 7001 人[跨州(市)易地扶贫移民 1300 户 5248 人,国债扶贫移民 427 户 1753 人],占江城县总人口的 5.6%。主要分

① 以上数据由思茅区政府有关部门提供。

布在康平镇、整董镇、勐烈镇、国庆乡和嘉禾乡。其中,康平镇有易地移民 1076 户 4508 人,其中政策性移民 839 户 3469 人,国债跨州市易地移民 237 户 1039 人;整董镇有易地移民 261 户 961 人;勐烈镇有易地移民 190 户 714 人; 国庆乡有易地移民 148 户 604 人;嘉禾乡有易地移民 52 户 214 人。①

第二节　生态移民搬迁基本情况

如前所述,对于农民而言,土地具有特殊重要意义,它不仅是一些家庭的主要收入来源,还具有社会保障的功能。对于移民而言,具有完备的土地产权更具有重要作用。通过土地确权,确定土地的产权主体,明晰土地的产权,保护农民的财产权,使农民的生活更有保障,最大限度地保障农民的利益。通过有效盘活农民手中的资产,使附着在农村集体土地之上的权利能够与国有土地的权利趋于平等,进而稳定农村社会,减少农村土地纠纷。为此,我们对普洱市生态移民聚居区移民农地确权的状况进行了问卷调查。

一、数据来源

本次调查主要采取结构式问卷调查的方法,在前期文献研究的基础上设计了《生态移民聚居区农地确权、农地流转调查问卷》,问卷以封闭式问题为主,辅以少量的开放式问题。主要从移民农地确权的状况、农地流转等方面进行调查。

调查资料的收集工作采用标准化的访问方式进行,本次调查共发放问卷 326 份,回收问卷 320 份,经严格复审后,有效问卷回收 311 份,有效问卷回收率为 97.19%。数据整理采用了 SPSS 统计软件进行编码录入,之后应用

---

① 以上数据由江城县政府有关部门提供。

SortCase 进行了逻辑清理。

此次调查主要对云南省普洱市江城县和思茅区的生态移民群体进行问卷调查,其中思茅区调查样本量为 222 户,占调查样本总量的 71.4%,江城县调查样本量为 89 户,占调查样本总量的 28.6%(见表 3-1)。其中,思茅区主要调查了倚象镇营盘山村、柏木河村,六顺镇的竹山河村和龙潭乡的大沙坝村,江城县主要调查了整董镇滑石板村。

表 3-1　调查样本分布情况

县区	乡镇	行政村	户数(户)	有效百分比(%)
思茅区	倚象镇	营盘山	28	9.0
		柏木河	76	24.4
	六顺镇	竹山河	57	18.3
	龙潭乡	大沙坝	61	19.6
江城县	整董镇	滑石板	89	28.6
合计			311	100

二、调查样本基本情况

从受访者的基本情况来看,在受访的 311 人中,男性 276 人,占调查有效样本数的 88.7%,女性 35 人,占调查有效样本数的 11.3%。从调查对象的年龄分布来看,受访者的平均年龄为 44.4 岁,其中年龄最大的为 75 岁,最小的为 21 岁。受访者的受教育程度主要集中在小学和初中两个阶段,分别占调查有效样本总数的 51.2% 和 27.0%。受访者的职业以农业为主的占有效样本数的 72.6%,纯农业的占有效样本数的 19.9%,以副业为主的占有效样本数的 5.2%(见表 3-2)。从受访者的民族构成来看,汉族所占比例最高,占有效样本数的 78.8%。

表3-2　调查样本人口学分析

变量	变量值	频数	有效百分比(%)
性别	男	276	88.7
	女	35	11.3
年龄段	30 岁及以下	28	9.0
	31—40 岁	82	26.5
	41—50 岁	107	34.5
	51—60 岁	75	24.2
	60 岁以上	18	5.8
文化程度	文盲	48	17.1
	小学	144	51.2
	初中	76	27.0
	高中/中专	10	3.6
	大专及以上	3	1.1
职业	农业为主	223	72.6
	副业为主	16	5.2
	纯农业	61	19.9
	纯副业	2	0.7
	其他	5	1.6

三、移民搬迁情况

(一)移民类型

关于移民类型的划分,学术界众说纷纭,不少学者从空间维度、时间维度和数量维度对移民类型进行了划分。生态移民与其他移民类型不同,他们是因为生态环境恶化或者是为了改善和保护生态环境所发生的移民搬迁活动,以及由此活动而产生的人口迁移。[1] 由此,本书根据是否有政府主

---

① 包智明:《关于生态移民的定义、分类及若干问题》,《中央民族大学学报(哲学社会科学版)》2006 年第 1 期。

导,分为非政策性移民和政策性移民。具体而言,包括政府或企业主导移民,政府工程性移民(由于修建水库、电站等造成的移民搬迁),非政策性移民(投亲靠友)。

调查结果显示,由政府或企业组织的易地扶贫搬迁户有 249 户,占有效样本数的 80.1%。属于政府工程性移民的有 18 户,占有效样本数的 5.8%。非政策性移民搬迁的农户有 36 户,占有效样本数的 11.6%。另外,有 8 户是其他类型的移民,占有效样本数的 2.5%。

(二)迁移半径与迁移规模

在以往的研究中,多数学者调查了人口迁移规模与距离之间的关系,有研究指出,迁移的规模会因为地区的异质性而变化,地区间异质性越高,迁移规模越大。[①] 调查结果显示,县内移民的家庭有 14 户,占有效样本数的 4.60%。移民距离为县外但在本市内的有 48 户,占有效样本数 15.7%,跨州市移民的家庭有 244 户,占有效样本数的 79.7%。

正如前文所述,普洱市的生态移民群体主要是跨州市移民,移民群体主要来自昭通市和怒江州这两个地区。这两个地区无论是自然环境、经济发展水平、人文环境同普洱市的差异都很大。比如昭通市,地处四川盆地向云贵高原抬升的过渡地带,峡谷深邃,山区面积占比为 96%,山高谷深、地质破碎、生态脆弱,地震、洪涝、泥石流等自然灾害频发多发,是集革命老区、地震灾区、散居民族地区为一体的深度贫困地区。[②] 而怒江傈僳族自治州位于云南西北部,东连迪庆藏族自治州、大理白族自治州、丽江市,西邻缅甸,南接保山市,北靠西藏自治区林芝市察隅县,境内国境线长 449.5 公里。境内除兰坪县的通甸、金顶有少量较为平坦的山间槽地和江河冲积滩地外,多为高山陡坡,可耕地面积少,垦殖系数不足 4%。耕地沿山坡垂直分布,76.6% 的耕地坡

---

① 佟星:《人口社会学》,北京大学出版社 2010 年版,第 109 页。
② 昭通市人民政府网站,http://www.zt.gov.cn/。

度均在 25 度以上,可耕地中高山地占比为 28.9%,山区半山区地占比为 63.5%,河谷地占比为 7.6%。①

特定的自然环境,造成了这三个区域的经济发展水平差异很大。普洱市 2019 年地区生产总值 875.28 亿元。重点打造茶叶、生物医药、澳洲坚果和传统烤烟的发展。2019 年农村常住居民人均可支配收入为 11502 元。昭通市 2019 年完成地区生产总值 1194.2 亿元,农业产业对全市经济贡献率最低,第二产业和第三产的经济贡献率均在 45% 左右,全市农村常住居民人均可支配收入 10555 元。怒江州 2019 年的地区生产总值 181.7 亿元,重点打造以草果为代表的绿色香料产业,农村常住居民人均可支配收入 7139 元。② 以上事实再次说明,移民距离的远近与移民人口规模存在相关性,随着距离延长,地区间异质性增加,迁移规模就越大。

(三)迁移类型与迁移半径

此外,调查发现,搬迁类型与搬迁半径有相关性。由政府主导的政策性移民迁移半径大于非政策性移民的迁移半径(见表 3-3)。无论是政府和企业组织的易地搬迁移民还是后靠安置移民都属于政策性移民,政府始终在资金、技术、人力等方面予以支持,以确保政府各项移民目标的实现,而非政策性移民多以投亲靠友方式在管理松懈的政策性移民地区边缘发展,从一开始就未能享受任何经济、技术、政策方面的保障。因此,为了尽可能地节约移民搬迁的成本,尽早地适应移民搬迁的生活,非政策性移民群体往往选择就近移民。

---

① 怒江傈僳族自治州人民政府网站,http://www.nujiang.gov.cn/。
② 以上数据分别来自昭通市、普洱市、怒江州政府网站,详见政府网站政府公报和统计公报。

表 3-3　迁移类型与迁移半径相关性分析

	描述性指标	迁移半径
	皮尔逊相关系数 Pearson Correlation	-0.328**
迁移类型	显著性检验 Sig. (2-tailed)	0.00
	样本数 N	304

注：**表示在 5%的水平下显著。

（四）移民搬迁时间

调查结果显示,普洱市移民搬迁主要集中在 1997—2001 年。这 5 年间共有 254 户农户进行移民搬迁,占有效样本数的 87.0%。其中有 244 户是政策性移民,而且这部分移民绝大多数是跨州市移民。1996 年 10 月起普洱市承担云南省跨州市易地开发扶贫试点工作,为此普洱市制定了各类引导移民群体安置的政策,逐步完善了移民安置点交通、水利、电力、教育、卫生等基础设施。移民群众生产生活发生了显著变化,收入增加,温饱基本解决。教育、就业、就医和计生等公共服务不断改善。此后,普洱市的移民主要是政府或企业组织的易地搬迁移民和后靠安置移民为主,依然延续前一阶段的跨州(市)易地扶贫试点县的移民政策,针对居住在"一方水土养不起一方人"地方的贫困人口实施易地搬迁,将这部分人搬迁到条件较好的地方,拟从根本上解决他们的生计问题。

第三节　生态移民搬迁农地确权情况

正如著名社会学家费孝通在《乡土中国》一书中论述的那样:"中国社会的基层是那些被称为土头土脑的乡下人。现在土气成了带有几分蔑视的意思,但说出了真理,土就是泥土,乡下人离不了泥土,因为在乡下住,种地是最普通的谋生方法。我们的民族从古至今是和泥土分不开的。靠种地谋生的人才明白泥土的可贵。"[①]土地的安置在很大程度上决定了移民群体与当地社区固有群体能否相互适应性和长期和睦相处的重要因素。

一、迁入地土地资源状况

移民搬迁户在普洱市的土地资源主要有旱地、林地、开荒地三种类型。其中林地的面积最大共计3476亩,户均13.4亩。与其他地区不同的是普洱市的林地并非种植乔木、竹类、灌木等林木,而是用于种植茶叶、橡胶等作物。目前移民农户所种植的林地主要通过向当地的企业承包或是租赁的方式获得,占有效样本数的39.5%。调查了解到,事实上移民农户所耕种的林地,绝大部分是由当地茶叶公司提供的,实行特殊的"公司+基地+农户"易地扶贫模式。

调查所涉及的普洱市倚象镇所调查的样本农户,是1997—1998年由政府组织、分批从怒江州泸水县(现泸水市)洛本卓乡、称杆乡、古登乡、大兴地乡4个省级扶贫攻坚乡搬迁来的。当时从怒江州搬迁到倚象镇的移民实行集中安置。据当地基层干部介绍,该村实行的是"公司+基地+农户"的安置方式,原属金象公司在当地租用当地农户的土地,建了5700多亩咖啡园地,移民农户户均管护10.8亩。政府在当地征用土地给移民配置人均1亩的基本口粮地,户均2.3亩,有土地承包经营权证;公司为移民建盖了石棉瓦屋顶的住房,基本达到通水、通路、通电、通电话、通广播电视、子女能就学、有病能就医的条件;搬迁农户的户籍全部迁入了当地的行政村,解决了搬迁人口的永久居住权。2004年金象公司倒闭,农户在原有管护咖啡园的基础上,进一步扩大咖啡种植面积。2009年农户还在口粮地上大力发展茶

---

① 费孝通:《乡土中国 生育制度 乡土重建》,商务印书馆2012年版,第11页。

叶、油茶和澳洲坚果等产值较高的经济林果。在此过程中,造成了部分农户非法占有林地的事实。

江城县整董镇滑石板村的移民农户是 1996—2007 年由政府组织陆续从昭通市搬迁过来的,实行的是"企业+产业工人"的安置方式。这种搬迁安置方式既是云南省发展现代农业的一种探索,也是易地搬迁方式的一种创新。搬迁农户在附近的茶场工作,茶场负责培训移民管护茶地的技术,提供相应的生产工具和生产资料,费用从茶叶收入中扣除,茶场根据每户的管护能力分配管护面积,茶叶收入是搬迁农户的主要收入来源。搬迁时,政府在茶场附近为每户农户配置了户均 2 亩菜地、2 亩薪炭林和 0.3 亩以上的宅基地,都有土地证。政府还在安置点为每户搬迁户统一建盖了 40 平方米左右的住房,基础设施水、电、路都已经建好。

有 26.0% 的移民搬迁户的林地是从当地村集体承包获得的,有 10.9% 的农户的林地是通过租赁其他移民搬迁户获得的。林地获得的最主要的方式是承包,有 191 户,占有效样本数的 61.4%,有 60 户的农户是通过转包获得的林地,占有效样本数的 19.3%。

其次是旱地,有 204 户农户耕种旱地,共计 2493 亩,户均 12.22 亩。移民农户旱地主要来源于迁入地的村集体,有 160 户,占有效样本数的 45.0%。其次是从搬迁户之间相互租赁获得的旱地,有 25 户,占有效样本数的 8%。此外,有 13 户农户拥有荒山荒地,共计 80 亩,户均 6.15 亩(见表 3-4)。

表 3-4　迁入地农地资源基本情况

项目		林地	旱地	荒山荒地
有效频数		259	204	13
面积(亩)	合计	3476	2493	80
	平均值	13.42	12.22	6.15

续表

项目		林地		旱地		荒山荒地	
获得方式	承包	191	61.4	187	60.1	5	38.5
	转包	60	19.3	5	1.6	1	7.7
	租赁	2	0.6	1	0.3	0	0
	互换	0	0	0	0	0	0
	转让	1	0.3	1	0.3	0	0
	股份合作	0	2.89	0	0	0	0
	征用	0	0.41	1	0.3	0	0
	购买	3	1.0	1	0.3	1	7.7
	赠予	0	0	1	0.3	1	7.7
	代耕代种	0	0	0	0	5	38.5
	其他	2	0.6	0	0	0	0
获得对象	原住居民	8	2.6	4	1.3	0	0
	搬迁农户	34	10.9	25	8.0	2	18.2
	当地村集体	81	26.0	160	45.0	3	27.3
	公司	123	39.5	8	2.6	2	18.2
	当地合作社	0	0	0	0	0	0
	其他	2	0.6	7	2.3	4	36.4

二、迁入地农地确权状况

　　土地确权是指国家特定的政府工作人员依职权重新厘定农村土地之上的权利,明确农村土地相关权利人的土地面积、位置、土地权利类型、期限等,并向农村土地相关权利人核发相关证书。农村土地确权一般指对土地的所有权、承包权和经营权的确立。

　　2019 年,普洱市按照云南省委省政府、市委市政府关于打赢脱贫攻坚战的决策部署,以一次性根治、彻底解决跨州市政策性异地移民安置历史遗留问题的要求,采取政府引导、财政补助、移民自筹的方式,以理顺跨州市移民生产生活资料权属关系、解决好跨州市移民与原居民土地矛盾纠纷和社会稳定问题为目标。

普洱市严格执行《云南省人民政府关于实施异地开发扶贫的决定》及省、市有关会议精神,按照"两加两减"的原则确定范围和对象。"两加"指加嫁入的人口和出生人口,"两减"指减嫁出的人口和死亡的人口。其中违法多生育的子女不予配置。同时,核定每户移民现有的生产生活资料面积,按照配置标准进行补齐,并按照农村土地承包经营权确权登记政策要求予以确权颁证,最终实现一次性根治、不留后遗症。

根据解决昭通、怒江跨州市政策性移民安置遗留问题实施方案,普洱市于2010年9月开始对移民群体的土地资源和生产生活资料开展配置工作。彻底核查核实产业地、饲料地、林业地的权属问题。跨州市的政策性移民全部纳入配置范围,在原"公司+基地+农户"生产管理模式分配管理的产业地基础上配置生产生活资料用地。为此,思茅区和江城县分别制定了解决跨州市政策性移民安置遗留问题的实施办法。

思茅区规定,根据要求对跨州市政策性移民按照产业地人均2亩、饲料地人均1亩、林业用地户均不超过5亩、宅基地人均占地不超过30平方米、户均不超过150平方米的标准进行配置,所需费用由财政和移民共同承担。产业地、饲料地和林业地宅基地的流转所需费用由移民农户每亩承担400元,涉及企业开发的地上附着物补偿,每亩增加500元,即企业开发的产业地每亩需承担900元。

江城县的实施办法规定,政策性跨州市移民按照产业地人均2亩、饲料地人均1亩、薪炭林户均5亩,宅基地每户最多不超过150平方米、一户一宅的标准进行配置。原始档卡户数以原昭通市昭阳区人民政府驻江城县办事处、永善县人民政府驻江城县办事处、大关县人民政府驻江城县办事处、镇雄县人民政府驻江城县办事处与江城县人民政府双方核定确认的底册户数为准。根据测算产业用地、薪炭林、宅基地配置共需资金4668.932万元。

具体是,产业用地按照产业用地人均2亩、饲料地人均1亩标准,原划定给移民群众管理种植,但由于达不到流转条件,未办理相关流转手续的,在此次工作中一并办理相关流转手续。2019年,江城县现有政策性跨州市移民1503户6916人,共需配置产业地及饲料地20748亩,已配置19067.3亩,因存在配置不均衡情况,还需配置1680.7亩。薪炭林按照户均5亩标准,原划定给移民群众管理,但由于达不到流转条件,未办理相关手续的,在此次工作中一并办理相关流转手续。以原始档卡在册户籍为准,按户均5亩标准配置,新分户不在配置范围内。按此规定,共需薪炭林7515亩,其中,已配置薪炭林5876.5亩;因存在配置不均衡情况,还需配置1638.5亩。宅基地根据云南省土地管理条例有关规定,农村宅基地使用面积、城市规划区外,每户最多不得超过150平方米。原已配置宅基地,由于未达到流转条件,未办理相关手续的,在此次工作中一并办理征收及流转手续。按照"一户一宅"原则,以原始档卡户籍为准进行配置,新分户不在配置范围内。原搬迁时配置但未办理征收流转手续的宅基地有343.7亩,还需配置56.1亩。

调查了解到,2019年思茅区完成倚象镇平掌村看牛小组36户移民生产资料土地确认工作,并制定了相应的生产资料配置方案;完成柏木河村9个小组的生产资料用地丈量工作,其余9个小组正在开展测量工作;龙潭乡也开展了移民生产资料测量、界定工作,其中龙潭乡大沙坝村四组完成了生产资料配置方案;南屏镇南岛河村完成移民名册二版公示;思茅镇莲花村完成移民名册三版公示;思茅港镇那澜村大地咖啡厂五队正进行第一版移民名册公示。江城县已完成三个乡镇(整董镇、康平镇、国庆乡)的土地调查工作,其中整董镇滑石板村,调查农户269户,调查面积14228.6亩;康平镇调查农户460户,调查面积5586.7亩;国庆乡,调查农户151户,共调查面积3575.0亩。以上乡镇农地确权已完成两轮公示,但还未作第二轮确权颁证。

调查结果显示,移民搬迁群体目前所经营的土地有123户确权颁证,占有效样本数的39.9%。有185户移民搬迁户所经营的土地没有确权颁证,占有效样本数的60.1%。之所以没有确权是没有承包权,占有效样本数的

35.6%,有30.5%的移民搬迁户所耕种土地没有确权颁证是因为是新开地。

三、制约农地确权的主要因素

调查了解到制约农地确权的主要因素首先是农村土地产权制度存在缺陷,占有效样本数的28.8%(见表3-5)。具体体现在户籍制度和土地权益之间的矛盾。尤其是跨县、跨州(市)安置,搬迁农户基本上把户籍迁到了迁入地。户籍的变化让搬迁人口在迁出地不再享有的资源配置权、社会保障权等,大部分搬迁农户已经把迁出地原来拥有承包经营权的耕地和林地资源上交了迁出地的村集体。但他们在迁入地的户籍,却未能让他们与原住农户同等享有作为集体成员应有的集体土地权益,难以获得相应的土地资源的承包经营权。

尽管普洱市出台了关于解决跨州市政策性异地移民安置历史遗留问题的实施办法,但在实际工作中,移民安置因资金有限导致确权步履维艰。普洱市移民补助标准为6000元/人,还需移民个人支付部分自筹费用,大多数移民表示不愿意承担这部分费用,他们认为"当初移民是政府安排我们来的,应该由政府承担"。移民部分费用无专项资金,没有相应资金对应接口;集体土地征收价格高,而移民个人又不愿意承担部分自筹费用,使政府处于两难境界。

表3-5　制约农地确权的因素

制约农地确权因素	有效百分比
农村土地产权制度存在缺陷	28.8
农地确权行政行为不规范	25.8
农村社会保障制度不健全	18.4
农地权利缺乏统一的价值标准	15.0
土地权属纠纷缺乏有效调解手段	12.0
合计	100

移民产业地、宅基地权属不清,"公司+基地+农户"的跨地州移民易地扶贫模式,主要由参与移民开发的企业向当地村集体租赁土地后分配给移民进行农业生产。现今企业面临亏损、破产,无法续租及支付土地租金,一方面严重影响移民生产、生活问题;另一方面加剧了移民与当地居民的农地权属矛盾纠纷,进而影响社区的和谐稳定;移民住房大多建造于企业租赁的集体土地及国有林地,因使用权人与所有权人不为同一主体,致使无法对此部分住房进行确权颁证。

此外,移民要求对集体承包地及自开地全部进行确权,方配合确权,但对于超出部分的土地购买出资问题,移民对抗情绪又较为严重,且土地确权过程中存在移民拒绝配合土地确权及瞒报信息情况,致使农地确权工作开展难度大。

其次是农地确权行政行为不规范,占有效样本数的 25.8%。以农地集体所有制为中心的农地管理制度,不但赋予了村集体经济组织土地所有权的资格,还授予其经营和管理的权利。产权明晰既是市场经济的客观要求,也是农地使用权流转的前提和基础。在现有农地制度安排中,产权具有残缺性,集体是模糊之源,产权的模糊势必带来土地资源配置效率低下、农民土地权利受到集体侵害等诸多弊病。主要表现在以下几个方面:一是对农地所有权与承包权保护哪些具体权利没有清楚的界定。二是农民的土地承包权不完整。依据《土地承包法》和《流转管理办法》,土地承包方可以自主决定土地承包经营权的流转及其方式,但是在这两个法案中仍规定了,发包方需要首先同意农村土地承包经营权流转,然后土地承包方可以将土地进行流转。在实践中,具体体现为农村集体经济组织对农民土地承包经营权流转的认可,成为农民进行土地流转的先决条件,农村村集体对土地承包经营权仍有相当大的控制力,这就导致农民本身在土地流转过程中难以独立行使支配权。①

① 郭衍宏、王猛:《农村土地流转的动力机制及约束因子分析》,《经济师》2018 年第 10 期。

再次是农村社会保障制度不健全,占有效样本数的 18.4%。社会保障体系的完善对农村土地制度的实施尤为重要,当前由于农村社会保障体系的不完善,保障功能有限,土地的生存功能和保障功能仍然较强,导致移民的生产生活对土地的依赖性较高,进而对农地资源的需求较高,加剧了人地矛盾。

最后是土地权属纠纷缺乏有效调解手段,占有效样本数的 12.0%。在实行"公司+基地+农户"过程中,移民并没有从某公司茶地获得土地利益,只是享有对茶地的管理权。例如,江城县康平乡原康生公司和思茅友联公司以"公司+基地+农户"形式从昭通市巧家县、永善县、大关县、鲁甸县和本市的墨江县等地引进移民 75 户 295 人管护咖啡,非政策性移民与原住民争水、争地的情况时有发生,原住民与非政策性移民多次要求政府给予协调解决。同时,非政策性移民多为茶场打工人员,在现居住地的生产生活资料多以购买和承租的形式取得,生产资料紧缺。为了生存和发展,他们未经政策允许,随意在国有林里建设住房和牲畜圈舍、砍伐树木、开地种菜等行为,直接后果是植被破坏,造成水土流失。加之部分少数民族移民一度习惯于他们传统的刀耕火种、滥采乱挖、过度放牧等造成物种资源消失,影响当地自然生态环境的平衡。

第四节　农地流转基本情况

农地流转是解决当前我国农村土地利用细碎化及撂荒、闲置的有效途径,对于优化土地资源配置、提高土地利用率、促进农业结构调整以及促进农民增收和农村经济发展具有重要作用。那么,移民群体的土地流转现状如何?促进其土地流转的动力是什么?在土地流转中存在哪些风险?本书就此进行了调查分析。

一、农地流转基本情况

问卷调查分析结果显示,迁入地进行了农地流转的样本农户仅有 45 户,占有效样本数的 15.0%。其中转入的有 30 个样本农户,占有效样本数的 66.7%,转出的有 11 个样本农户,占有效样本数的 24.4%,转入转出都有的有 4 个样本农户,占有效样本数的 8.9%。合计转入 396 亩,户均 13.2 亩,合计转出面积为 78 亩,户均为 7.1 亩。

进行农地流转的这部分农户,最主要的流转原因是缺乏资金,占有效样本数的 36.8%,有 25% 的农户进行土地流转是由于家庭中缺乏劳动力,还有 13.2% 的农户表示,进行土地流转的主要原因是缺乏有效的耕作和管理经验技术。

进行土地流转的农户最主要的流转方向是专业大户,占有效样本数的 28.9%,其次是通过本村民小组的成员进行流转,占有效样本数的 24.4%,还有部分农户是向亲戚朋友流转,占有效样本数的 20%。流转最主要的形式是租赁,占有效样本数的 57.8%,其次是通过转让的方式实现流转,占有效样本数的 26.7%,还有 15.6% 的样本农户是通过转包的形式实现土地流转的。与此同时,调查发现 57.8% 的样本农户在土地流转过程中没有签订书面合同。

就农地流转中样本农户最关注的项目,本书列出了流转成本、流转期限、土地的合法性以及管理水平四个指标,由农户对各项指标进行打分。1 分为关注度最低,5 分为关注度最高,分值越高表明关注度越高。结果显示,样本农户最关心的项目是流转后的土地经营管理,平均分值为 4.32 分;其次是土地流转的合法性,平均分值为 4.28 分;再次是流转成本,平均分值是 4.24 分;最后是流转期限,平均分值是 4.22 分(见图 3-1)。

此外,研究还专门设置了"土地流转时最关心的项目是什么"这一问题。在迁入地的土地流转中,农户最关心的是流转的合法性,有 50 个样本农户,占有效样本的 45.0%。其次是流转后的经营管理,有 32 个样本农户,占比为 28.8%;再次是流转成本,有 15 个样本农户,占比为 13.5%;最后是流转期限,有 12 个样本农户,占比为 10.8%,还有 2 个样本农户作出了其他选择,占有效样本数的 1.8%。

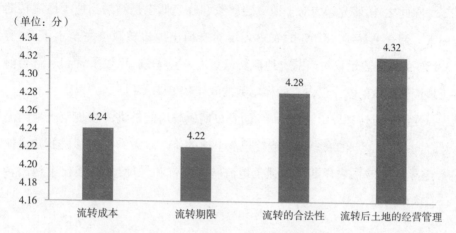

图3-1　样本农户关注土地流转的项目及程度

在调查中发现,普洱市非政策性移民聚居区农户的土地流转规模小,流转的效果差。制约农户进行土地流转的主要因素是土地转出的可靠性低。也就是说,土地流转的合法性缺乏,持这一观点的农户占有效样本数的33.3%,其次是土地流转的收益差,占有效样本数的29.8%,还有20.6%的农户认为制约土地流转的因素是流转的期限不稳定(见图3-2)。

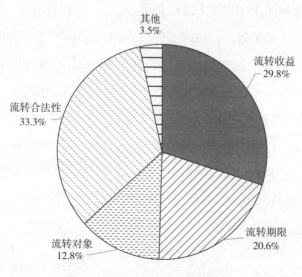

图3-2　制约土地流转的主要因素

除此之外,研究认为对土地流转政策知晓率低也是制约当地土地流转的因素。调查了解到,48.6%的农户表示对当前土地流转政策完全不了解,有32.8%的农户表示仅对当前土地流转政策有一点了解,比较了解和了解当前土地流转政策的农户仅占有效样本数的0.4%和11.1%。

在土地流转过程中,有22.5%的农户期望政府能够进一步规范土地的流转合同,有21.5%的农户期望能够规范土地的流转政策和加强移民的社会保障,还有17.2%的农户期望加强土地流转的监督和管理,并且强化土地流转信息的供给。

二、农地流转存在的主要问题

生态移民群体发展面临农地权属不清,确权困难,农地管理"跟不上",历史遗留的农地产权问题较为突出。

(一)土地权属不清抑制土地流转

调查数据显示,普洱市生态移民聚居区进行农地流转的农户数量少、规模小,最主要的原因是土地权属不清造成的。要让农民大胆地对土地进行投资、流转,充分发挥土地的效益,只有先进行土地确权,明晰产权,确保农民利益。

调查结果表明,调查样本农户中有60%的农地没有确权颁证。"如果不以确权为前提和基础,赋予农民在土地经营中的市场主体地位和谈判地位,那么土地流转的主体就不可能是农民,很可能是其他权利主体,从而使土地流转成为其他权利主体侵犯农民财产权利的又一轮机会。"①确权后,土地成为农民的法定资产,并具有可流转的市场化资本禀赋,农民也成为土地流转的权利主体。这为土地进入市场进行等价交换铺平了道路,有利于防止随意侵害农民权益现象发生,为土地流转提供了法律保障。这是在调查中农户一再表示土

---

① 唐贤健、张因:《加快土地确权推动土地流转促进三农发展》,《湖北省社会主义学院学报》2012年第6期。

地流转的可靠性和合法性的体现。

　　尤其是自发搬迁的生态移民农地确权面临特殊困难。调研发现,易地搬迁生态移民安置区土地管理缺位,私开地权属不清。部分易地搬迁生态移民新开发了部分"生地",易地搬迁生态移民开发的产业地权属不清且与相关政策脱节,加之农地建设与经营成本负担过大,是制约易地搬迁生态移民安置区发展的主因。而非政策性的自发搬迁移民行为,又为迁入地农地私下交易提供了契机,这种交易无法解决外部性问题,且得不到有效的权益保障,流转困难,其交易成本要高于政策性易地搬迁生态移民的成本。部分自发移民居住在边远山区,多处于地方政府管理的"真空地带",居住了几十年的房屋无法办理房产证,耕种了几代人的土地没有相关土地使用证明,由于占用当地村民的土地、森林、水资源等生产生活资料,与当地村民在山地、林地的权属冲突纠纷不断。自发移民的诉求是希望对自己长期耕种的土地,享有继续耕种的权利,并能够获得相关土地权证。土地权属模糊是制约易地搬迁生态移民可持续发展的因素之一,易地搬迁生态移民安置区农地确权困难是制约易地搬迁脱贫工作的"瓶颈"。易地搬迁生态移民长期所陷入的土地调配与农地经营困境,症结在于农地经营权流转制度的制约和土地政策制定中的制度模糊,由此衍生出社会矛盾和冲突。迁入地村庄能否接受易地搬迁生态移民的态度,取决于政府能否对农民出让土地等进行合理补偿。

(二)土地流转形式难以保障农户收益

　　调查发现,2019 年普洱市的土地流转形式主要包括租赁、互换、转包、转让等。流转的对象主要是专业大户、本村民小组的成员,这种自发流转多发生在亲朋好友和本村村民之间,基本上是口头协议,转让金额数不确定,转包费用较低;自发流转无法纠正土地的细分化倾向和短期行为,自发流转的期限较短,受外界宏观经济环境的影响较大,流转双方都没有稳定的预期,不利于地块的合并和对土地的长期投资;农户之间的流转不利于农村剩余劳动力的转移,对农村产业结构的调整作用也相当有限。

另外,部分跨州市搬迁而来的生态移民农户农地面临确权流转的尴尬。过去的易地搬迁扶贫开发采取的是"公司+基地+农户"的管理方式,实施跨州市易地扶贫开发搬迁,由公司负责项目投资、技术服务、产品价格和销售,搬迁农户负责投工投劳、基地管理,公司根据易地搬迁安置户生产情况支付管理费、采收费。此方式在初期收到了较好效果,解决生态移民劳动力过剩问题,有效增收了生态移民收入。然而,随着经济社会发展,矛盾逐渐显现,生态移民负责种植的茶地、咖啡地等产业用地权属属于公司,易地搬迁生态移民农地权益"空置",而公司过去采用租用当地村集体土地进行开发种植,其间因管理运作不善公司破产,无法支付租金及租期到期后难以续租等问题,转嫁到耕种承租地的易地搬迁移民身上,原土地所有者又得不到相应补偿,这些遗留问题得不到及时有效解决,不断引发生态移民与当村村民的农地权属纠纷。易地搬迁生态移民发展面临相关部门职能"缺位"与龙头企业社会责任"缺失"的双重问题。农地承包经营权流转中如何保障易地搬迁生态移民利益等问题逐渐暴露出来,这些问题无疑增加了易地搬迁移民的生产、生活风险,也对生态移民安置区的农村和谐稳定发展带来影响。

(三)管理机制不健全,流转行为欠规范

随着土地流转市场的不断扩大,以及在当地政府发展产业优惠政策的推动下,很多当地企业和个体在对市场缺乏充分考察的情况下就盲目进入市场,通过土地流转进行规模化经营,加上早期阶段政府在引导土地流转时尚未建立起完善的土地流转管理机制,导致合同条款不明晰、流转项目在初期就出现经营不善甚至资金链断裂、长期拖欠农户承包金等,这些问题较为普遍和突出。同时,作为土地流转主体的普通农户受文化教育水平的限制,在土地流转过程中谈判能力低下,维权意识薄弱,难以有效保护自身利益。

由于农村综合配套改革不完善,部分地区仍存在农地产权主体虚置、产权

残缺、承包权不稳定、经营主体分散、管理主体重叠不清、流转机制不规范等问题。受困于农地制度改革滞后的易地搬迁生态移民安置区,存在土地重新调整所引起的置换补偿标准及原住民、移民之间的土地调配利益平衡等问题。迁入地原有的土地使用权利益平衡因土地重新调整、置换而被打破,原住民利益受损且无法得到保障。易地搬迁生态移民大多数自开地都不是"依法"开垦的,也不能完全说是非法的,而是管理不到位的问题。现在的问题是自开地被确权登记后,对自开地行为将起到"正向"激励;如果因操作的复杂性和相应的制度成本对当地政府形成了"反向"激励,当地政府采取简单化的处理方式而搁置不予以登记确权颁证,管理上"缺位"将更加明显。

第五节 新型农业经营主体培育状况

党的十八大正式提出了新型农业经营主体的概念;2013 年中央"一号文件"进一步对专业大户、家庭农场、农民合作社、土地股份合作社等新型农业经营主体的发展进行了相关部署。相比于小规模生产的承包农户,新型农业经营主体经营规模大、集约化程度高、市场竞争力强。通过发挥专业大户、家庭农场、农民专业合作社、农业龙头企业的集结作用,实现规模化生产和集约化经营,成为现代农业发展的方向,是促进农业可持续发展和农民增收的有效途径。

普洱市是云南省重要的粮食生产基地和茶叶、咖啡等高原特色农业基地。近年来普洱市围绕"生态立市、绿色发展"的总目标,加大了对新型农业经营主体发展的扶持力度,先后出台了《普洱市人民政府关于加快推进现代种植业发展的实施意见》《关于加快普洱高原特色农业发展的实施意见》《普洱市人民政府支持和促进农民专业合作社发展的实施意见》等。并从 2012 年起每年投入专项资金支持庄园、重点龙头企业和示范基地的建设。

一、主要做法和成效

本部分以江城县作为个案调查点,对其生态移民聚居区新型农业经营主体的发展进行了调研。

(一)扶持农民专业合作社的发展

江城县通过县、乡、村联动组建专业合作社。依托基层组织,每个村成立1个专业合作社,每个乡(镇)成立1个合作联社,县级成立合作总社,全县10084户建档立卡户全部加入专业合作社,投入10083万元资金支持49个专业合作社发展,实施资产收益扶贫项目。其中,将县内涉胶村的23个专业合作社4650户建档立卡贫困户,共同出资4650万元与云胶江城公司合作,实施橡胶产业提质增效项目,合作期限三年,这23个合作社每年可获得资产收益558万元,户均年可实现资产收益1200元。26个合作社5162户建档立卡贫困户,将共有资金5162万元购买东城农产品交易市场作为共有资产,租赁给普洱穆谷农业有限责任公司经营管理,租赁期限为三年,公司将三年总租金一次性向合作社交纳人民币1238.88万元,户均年可实现资产收益800元。其他利益联结271户建档立卡贫困户。

(二)探索创新新型农业经营主体的利益连接模式

一是推行"公司+基地+基层组织+合作社+农户"模式。多个农民专业合作社与江城云山农业开发有限公司、三泉谷庄园、阿卡庄园、海源牧业等企业合作,带动农户参与生产经营和管理,实现农户增收。例如,江城中澳农科公司与勐烈镇大寨村民小组114户农户以4200亩荒山荒地入股合作种植坚果,每年向农户分配利润可达800万元,户均年收入达7万元。牛洛河茶业有限公司、大过岭茶叶有限公司、明子山茶叶有限公司等企业,安排产业基地岗位帮助2300多户贫困户就业,与合作社签订产品保底收购协议,与农户建立利益联结,带动农户户均增收2.5万元以上。

二是推行"公司+土地流转+技术培训+返聘务工+土地入股分红"模式。中澳农科、普庆农业发展有限公司、鸿耀科技农业开发有限公司、江城云山农业开发有限公司、大来农业开发有限公司等企业,通过土地流转、技术培训、用工返聘等形式,流转土地4万亩种植沃柑,参与基地管理农户623户,带动67户贫困户种植沃柑1345亩,培训农户654人次,带动农户户均增收12000元以上。

三是推行"公司+基地+产品收购+劳务用工"模式。云南天然橡胶产业集团江城有限公司、天骄公司、成明橡胶公司等企业采取"公司+基地+产品收购+劳务用工"帮扶模式,租赁14万亩土地种植橡胶,年支付土地租金1200多万元,年支付橡胶收购款4900余万元;每年为农户提供免费割胶技术培训600余人次,解决了劳动力就业2000余人,带动建档立卡贫困户3347户种植橡胶10万余亩;签订保底价收购产品,带动农户户均增收3万元以上。

四是推行"技术服务+订单生产+委托经营"模式。江城鑫福泰农业开发有限公司、优山美牧等企业采取"公司+合作社+农户"帮扶模式,以"肉牛托管""签订青贮玉米收购合同"等方式与农户建立利益联结,带动321户农户户养殖肉牛1540头、青贮玉米种植2361亩,带动户均增收1万元以上。

在培育新型农业经营主体的过程中,通过经营模式的创新,提高了农户的收入,实现了农民增收。例如,通过雇佣农户给予劳动工资的方式,增加了农户的工资性收入;通过土地流转和允许贫困户多种入股方式增加贫困户财产性收入;通过将财政补贴资金给予农户和入股分红的方式增加农户转移性收入。新型农业经营主体集聚一定的技术资本、经济资本、人力资本等优势,进入农业后将产生一定的溢出效应,例如技术溢出效应、规模经济效应和社会组织效应。同时,农村的劳动力外流、集体组织功能弱化、社会事业发展滞后等现象都得到了改善。

二、存在的主要问题

一是土地产权制度不完善,制约土地流转,从而阻碍新型农业经营主体的发展。调查结果表明,普洱市生态移民群体农地权属不清,有60%的农户土地尚未确权,没有确权集体土地所有权的法律地位就没有得到保障,农户土地权益就没有受到法律保护,在这一前提下土地的流转就是违法行为。这在很大程度上抑制当地新型农业经营主体的发展。

二是土地管理制度不完善,制约新型农业经营主体发展。农地存在所有权、承包权、经营权的"三权"分离。因此,政府为稳定农民的土地预期,一方面,实施"增人不增地、减人不减地"政策,尽可能延长农地承包经营期限;另一方面,通过确权登记颁发土地经营权证,以法律形式固定农民的土地承包权。但在实际工作中,不少地方承包地的调整仍较为频繁,使农户长期流转农地的意愿不强,严重限制了专业大户、家庭农场等扩大生产经营规模。此外,土地确权颁证又进一步增加了新型经营主体流转农地的交易成本,因为确权前流转土地,只需与村集体负责人商谈流转价格、流转期限等事宜,农户商谈流转价格,大大增加了谈判的交易成本,确权后则需要与这些都导致新型农业经营主体发展步履维艰。

三是农业生产组织化程度偏低。调查了解到普洱市尽管拥有丰富的农业资源,但特种经济作物种植、特殊畜禽和水产品养殖规模化程度低。尤其是缺乏大型的龙头企业集团和知名产品来带动,农业产业多为初加工,产业链条短,产品附加值低。农民专业合作社整体规范化程度不高,数量众多,但相对分散,带动农业产业发展效果不明显,农业产业经营化水平整体上相对较低。建设生产基地难,农业生产基地规模小、档次低、建设分散,且简单趋同,难以提升农业的集约化、规模化、专业化和产业化生产基地。

第六节　推动农地确权流转的探索

通过对普洱市生态移民聚居区移民群体农地资源调查,以及移民农地确权、农地流转和新型农业经营主体的发展状况的研究分析,认为普洱市生态移民聚居区农地制度存在的主要问题是:一是农地确权率低,且面临困难特殊。过去的生态移民多以新开发的"生地"为主,生态移民开发的产业用地权属不清且与相关政策脱节,加之农地建设与经营成本负担过大,是制约生态移民聚居区发展的主要原因。二是农地的流转规模小,流转效益难以凸显。土地确权是流转的前提。由于缺乏对土地所有权、经营权和使用权的确立,导致农民对耕地的长期性投资得不到法律保障,土地流失得不到足够的补偿,相应的土地流转就难以实行,通过土地流转获得的经济效益也难以得到保障。三是新型农业经营主体发展动力不足。新型农业经营主体通过规模流转土地进入农业领域,取代了原来的家庭经营主体。普洱市生态移民聚居区一方面由于农户缺乏土地的权属保障导致规模流转受限,另一方面即使实现土地流转,新型农业经营主体无法发挥家庭经营的优势,劳动力成本、监督和管理成本大幅度提高,在此情况下,抑制新型农业经营主体的培育。鉴于此,本书认为应该从以下几个方面推进普洱市生态移民聚居区农地确权、农地流转,培育新型农业经营主体。

一、进一步扎实确权登记颁证工作

针对普洱市生态移民聚居区移民群体,尤其是昭通、怒江移民历史遗留问题,尽管从省级层面和市级层面组建由扶贫、农业、林业、国土等多部门构成的生态移民聚居区农村土地改革和确权登记颁证工作领导小组,并且制定了完善农村集体土地确权登记实施办法,但针对实际工作中存在的问题,本书认为应该从以下几个方面推进土地确权工作。

一是统筹推进生态移民安置区农地确权工作。深化农村改革,在省级层面组建由乡村振兴、自然资源、农业、林业等多部门构成的易地搬迁安置区农村土地改革和确权登记颁证工作小组,做好顶层设计和制度安排,完善农村集体土地确权登记发证工作《实施方案》《实施细则》,提前介入,主动作为,强化调研,化解矛盾纠纷,积极稳妥高位推动易地搬迁安置区农地确权登记颁证工作。落实和维护集体土地产权,妥善处理土地权属争议,使农户、集体、企业和政府等市场主体之间形成更稳定的契约关系。赋予易地搬迁安置区农民流转权利的主体地位,适度给予易地搬迁生态移民土地发展权,为农村土地承包经营权流转提供法律保障,维护易地搬迁生态移民合法的土地权益,促进易地搬迁安置区社会和谐稳定发展。

二是改革创新生态移民安置区农地制度。农地制度的改革创新是推进易地搬迁移民安置区农村经济发展的原动力。着力解决易地搬迁生态移民安置的土地生产资料问题和安置过程中遗留下来的农村土地权属问题。加强立法,制定和落实好土地政策,完善土地承包合同。改革和创新农村土地制度,释放土地资本红利,促进土地物权化、财产化、资产化,赋予生态移民更多土地权益。建立健全"产权明晰,用途管制;市场主导,竞争定价"的农村土地市场,明晰产权,推进城乡要素平等交换和公共资源均衡配置。强化易地搬迁安置区农村土地管理,杜绝管理多头,避免管理"真空"。开展确权登记、改革征收制度、优化增值利益分享机制。规范政府行为,完善流转政策,健全农村社保体系和土地流转服务体系,探索易地搬迁安置区土地流转新途径。利用城乡建设用地增减挂钩政策支持易地搬迁生态移民安置,探索试点利用农民进城落户后自愿有偿退出的农村空置房屋和土地安置易地搬迁生态移民农户。调整完善土地利用总体规划,合理调整易地搬迁安置区基本农田保有指标,加大易地搬迁安置力度。支持农民合作社和其他经营主体通过土地托管和吸收农民土地经营权入股等方式,带动易地搬迁安置区移民增收。通过土地整理,新增耕地优先用于易地搬迁生态移民安置;新增建设用地计划指标优先保障易地搬迁安置用地需要。中央和省级在安排土地整治工程和项目、分配下达高标准基本农田建设计划时,需要向易地搬迁生态移民安置区优先倾斜。在有条件的易地搬迁生态移民安置区,优先安排国土资源管理制度改革试点。

三是在清理历史遗留问题过程中,一方面,加强法律法规的执行力度,进一步完善农户土地在承包、流转和征占过程中的规范性。明确农户承包地的权属关系。另一方面,尊重和遵循农村长期以来的习惯做法,顺应传统习俗对农村社会关系的调整作用。当一些地方的风俗习惯与正式制度相悖时,不能简单地将此归于"违法"。因此,在具体方式的选择上,应该不断创新。比如,迁出地退出费用低于迁入地加入费用的差额部分,建议由项目费用或中央政府承担。同时,增加资金支持。一方面,要增加对移民农地确权过程中配置生产生活资料缺口的资金;另一方面,要增加对土地承包经营权确权颁证本身所需的人员、技术设备等成本费用的资金。另外,借鉴部分州市对解决易地搬迁移民安置区农村土地问题的有益探索,对自发在现居住地开垦的"四荒"超过10年以上且没有争议的,该类人员落户后可按土地承包法规定,由安置区村级集体经济组织、村委会或者村小组发包给易地搬迁移民,并按程序签订承包合同。在土地产权关系明确的前提下,与权属明确的国有、集体、个人进行协商,依照土地流转有关规定,要求自发搬迁移民与产权人签订规范的土地承包经营权流转合同;对获得户籍的自发移民,经移入地村集体经济组织同意并公示,对其使用的住宅用组织地按宅基地管理的规定及程序完善用地手续;对与原住村民混居但户口不在当地的自发移民,使用的住宅用地暂维持现状,由自发移民与拥有土地所有权的村集体经济协商有偿使用;对自发移民聚集形成独立村寨的,按照20户以上就地划拨为宅基地并办理相关合法手续,20户以下的进行村庄撤并建设,实施村庄规划,严格规范管理;对自发移民现有的居住房屋采取政府出资统一赎买(流转)的方式加以解决。用好土地流转政策,让自发移民获得一定补偿。部分自发移民原住地有一定的耕地、林地承包经营权和宅基地使用权,可通过合理的土地流转机制,由移出地集体经济组织依据当地土地流转市场价格,给予移民户一次性权益补偿,然后收归集体所有;再由迁入地县(市、区)、乡(镇)、村、组统一协调,采取有偿方式为移入群众调整部分宅基地及生产用地,让自发移民有立足之地和发展空间。

四是再进一步明确土地确权中国土、财政、农业及乡镇工作人员的岗位职责,严格规范其行为准则,杜绝土地确权过程中瞒报、多报、漏报、不报或不及时发证、对发证过程中产生的问题听之任之等现象发生。土地确权工作必须严格按照申请、调查、审核、公告、审批下达等步骤进行,上述程序全部完成并无异议后,才能向农民发放土地权证。

五是统筹谋划信息化建设,建立健全信息管理、利用和更新维护机制,抓紧研究制定土地承包经营权应用信息平台建设方案,明确各级数据中心建设技术规范和要求,建立基于地理空间信息、包括承包农户权属和地块信息的数据中心,为今后开展各类政策性补贴、农业保险、粮食估产等工作奠定数据基础。

二、进一步推动生态移民农地流转

一是建立健全农村土地流转的法律法规。一方面,明确集体所有权主体,保障农民享有真正的所有权。解决集体土地所有权的错位、缺位和虚位问题,将集体土地所有权主体定位在村农民集体一级。赋予集体土地所有权主体——村民委员会和使用权主体——承包户的市场主体地位。另一方面,应建立完备的农村集体成员资格权制度,如集体成员对土地享有平等的决策权,有权选举产生集体土地的管理机构,有权通过民主管理的方式参与集体财产的管理、决策和监督,在集体土地受到侵害时有权提起损害赔偿。必须从立法上保证农民享有真正的土地所有权,从而使其拥有土地的收益权。

二是加强对移民土地流传的后续产业扶持。调查发现移民群体大多数是兼业农民,促进生态移民土地经营权的有效流转就必须依托当地资源特点,发展特色农业,不断延伸产业链,提高产业就业容量。一方面,应从内培和外引两个方面积极培育移民搬迁后续产业发展带头人,通过带头人的示范指导,促进后续产业不断发展;另一方面,要提高生态移民的后续产业就业素质,就要建立移民农户劳动就业、创业状况信息库,通过农业院校、网络教育、产业发展带头人带动等多种渠道对移民中的适龄农民进行农村产业发展方面的知识与技能培训,确保生态移民农户均一人就业,搬迁后的收入高于搬迁之前的水平,使移民在移入地顺利实现就业,逐渐脱离对原居住地土地的依赖,从而促进土地流转。

三是建立健全移民社保转续政策,维护移民合法权益。首先,要进一步推进生态移民户籍制度改革,使移民能与城镇居民一样公平地分享社会公共服务;其次,要建立健全生态移民社保转续政策,使搬迁农户搬迁后在医疗保险、养老保险及社会救助等方面的待遇不低于搬迁前。通过社会保障政策的逐渐完善来弱化土地的保障功能,促进生态移民原居住地的土地流转。不仅要建立健全搬迁农民社会保险转续机制,使搬迁农户搬迁后在医疗保险、养老保险及社会救助等方面的待遇不低于搬迁前,还要加快土地物权化改革和农村土地交易市场建设,保护搬迁农户的土地权益,推动土地合理流转出让,提高移民生活水平。

三、加强对新型农业经营主体的培育

一是建立立足生产主体的培育机制。新型农业经营主体是体系构建的第一实践者,新型农业经营主体的构建必须立足于农业生产经营主体。首先,加强对经营主体的管理和激励。以制度规范、规定经营主体的经营范围、依法经营等,对经营主体进行制度化管理。还要充分运用技术推广补贴、休耕补贴、承包补贴、专业人才运用补贴等多元化的激励方式,提升经营主体的积极性。其次,引进与本土开发相结合,培养职业化农民。农民由兼职向专职转变是新型农业经营体系的重要特点。鉴于此,农业主体培养中应树立职业农民的理

念,从区域经济、农村经济实际出发,采用"引进专业专职人才、培育本土在职人才"的方式实现农业人才的引进与高素质、高技能农业人才的培养,为新型农业经营体系构建提供强有力的人力资源。最后,深化经营管理创新,实现现代化管理。农业的生产经营方式制约着新型农业经营体系的构建与农业现代化的实现,这就要求转变传统管理模式,管理中注重现代化管理方式的运用,强化技术管理、人本管理、质量管理、资源优化配置等,实现管理方式由传统、粗放型向现代、集约化转变。

二是完善农村土地承包政策,为新型农业经营主体集约化经营创造有利条件。首先,抓住农村土地承包经营权确权契机,尽可能延长农地承包经营期限,稳定农民土地承包经营权预期,提升其转出土地的意愿。其次,充实农村基层组织力量,依托村民自治,协商解决土地流转中的纠纷问题,实现土地流转的整村推进,最大限度地降低家庭农场、合作社等新型农业经营主体流转土地的交易成本。最后,探索农村集体产权股份制改革,鼓励农户通过土地作价入股龙头企业或合作社等方式,参与新型农业经营主体的收益分红,在稳定土地流转关系的同时带动农民增收。

三是创新政策支持体系,激发新型农业经营主体模式创新的内在动力。首先,以涉农示范工程等项目为切入点,鼓励土地适度规模经营,更好地支持新型农业经营主体发展。增加各类示范项目的数量,扩大各类新型农业经营主体的覆盖面。提高涉农示范项目的奖补资金标准,提升对各级各类示范社、示范家庭农场和重点龙头企业的财政补贴力度。其次,加大对新型农业经营主体的直接补贴力度。在实际操作过程中,从事农业生产的是种粮大户、家庭农场等新型农业经营主体,而非拥有土地承包权的农民。因此,应将粮食直补与土地流转面积相结合,改变以往的农业补贴方式,引导补贴资金向种养大户等新型农业经营主体倾斜。最后,加快完善农地流转的市场机制,降低农地流转交易成本。地方政府要依托现有职能部门,大力发展土地流转中介性服务组织,在县、乡、村三级建立专业性和非营利性的土地流转咨询服务机构,以县一级土地流转平台为主,健全三级服务平台,将土地流转服务平台建设费用和管理经费纳入政府财政支出预算。大力推广土地托管、代种代耕和建立"土地银行"等规模经营的经验,鼓励发展多种形式的规模经营。

第四章　宁夏回族自治区生态移民农地确权流转案例调研

　　闽宁镇是中国易地扶贫伟大工程的缩影,它因扶贫而生,脱贫而建,主要安置来自西海固(西吉、海原、固原)地区六个国家级贫困县的生态移民,是福建省对口帮扶宁夏回族自治区协作的窗口。在国家东西协作战略背景及党中央领导高度关注下,通过福建省、宁夏回族自治区两省区各级领导的全力支持及宁夏回族自治区人民的共同努力,闽宁镇从无到有、从贫到富,体现了中国特色社会主义制度的优越性,有力地促进了国家社会的稳定,民族的团结,为世界扶贫提供了中国智慧和中国方案。本章将详细介绍闽宁镇生态移民的发展历程,生态移民安置发展过程中政府对生态移民聚居区农地确权、流转与新型农业经营主体培育的主要做法、经验和成效,并提出存在的问题及对策建议。

第一节　闽宁镇生态移民发展历程

　　通过相关文献及史料收集整理分析,闽宁镇生态移民经历了吊庄移民阶段、生态移民阶段和脱贫攻坚阶段三大阶段。

一、第一阶段：吊庄移民阶段

1982 年国家启动"三西"(甘肃定西、河西,宁夏西海固)专项扶贫计划,1986 年,国家成立开发领导小组,制定扶贫方案、标准,规划扶贫重点区域,设立资金,确定方针,开始实施大规模有计划、有组织的扶贫行动。1983 年宁夏回族自治区政府开始实施"吊庄移民",即将环境极端恶劣地区的贫困群众"吊"到有水有路的地方发展,一可以减轻吊出地人口环境压力,减少生态破坏和水土流失;二可以使群众在吊出地与吊入地两头安家,形成互助,帮助贫困群众缓解生存压力,解决温饱问题。第一批吊庄基地设立于土地资源丰富的北部川区永宁、平罗、中宁、中卫四县,主要接收来自泾原县、隆德县、固原县、西吉县的"吊庄移民"。闽宁镇最早的"吊庄移民"来自西吉、海原两县的 1000 多户贫困山区群众,他们在这里建立了玉泉营、玉海经济开发区两处"吊装"基地,即闽宁镇的前身。移民不是一蹴而就的,移民小规模搬迁持续时间长达十年有余,过程艰苦、资金匮乏、开发难度大,由于缺乏实践、管理经验及新开荒地土质条件差、投入大等问题,"吊庄移民"两头跑,实施过程中出现了土地抛荒、人口超生的现象。在总结经验的基础上,宁夏回族自治区政府着手规划实施生态移民工程。

二、第二阶段：生态移民阶段

1996 年,党中央决定实施东西部对口协作战略,并确定福建省对口帮扶宁夏回族自治区,从福建省沿海 5 个地区选出经济实力较强的 8 个县对口帮扶宁夏回族自治区 8 个贫困县,并于 1996 年 11 月在闽宁对口扶贫协作第一次联席会议上建立了帮扶关系。1997 年 4 月,时任福建省委副书记的习近平同志带团赴宁夏回族自治区南部贫困山区实地考察,深入了解宁夏回族自治区南部地区群众贫困现状,在参加闽宁对口扶贫协作第二次联席会议后,双方作出让"一方水土养活不了一方人"的贫困山区群众迁移至适宜生活生产的地方发展,并决定共同开发建设生态移民区,以福建省、宁夏回族自治区两省区将生态移民开发区命名为"闽宁村"。同年,时任福建省委副书记的习近平同志对易地扶贫开发区提出"两年建成、三年解决温饱、五年脱贫的发展目标",因而,2000年9月闽宁村建设升级为闽宁镇,划归永宁县管辖。2002年,政府对易地扶贫开展了移民工程,对易地扶贫群众开始进行有计划、有组织的整体搬迁。

三、第三阶段:脱贫攻坚阶段

经历二十多年的移民工程实施,依托闽宁对口扶贫窗口,闽宁镇大力发展特色种植、特色养殖、光伏、劳务、旅游产业,通过东西扶贫模式"输血"扶贫、特色产业"造血"扶贫,闽宁镇6个移民村全部实现脱贫,贫困发生率从最初的90%到2019年下降到0.2%以下;移民人均可支配收入从建设之初的500元到2019年增加到14000余元,增加28倍。现在的闽宁镇也发生了翻天覆地的变化,从过去飞沙走石的荒滩戈壁,到现在的绿树成荫、良田万顷,从过去的干沙滩变成了现在的金沙滩,创造了宁夏奇迹、闽宁镇奇迹,为易地扶贫治理模式提供了成功案例。2018年闽宁镇入选为全国扶贫示范镇,东西扶贫模式得到了进一步推广。

通过推进农业规模经济发展,大量引进龙头企业积极培育发展地方特色优势产业,闽宁镇经济驶入了高质量快速发展的道路,实现了移民群众脱贫致富奔小康的发展目标。本章将对闽宁镇原隆村、福宁村农地确权、流转与新型农业经营主体培育发展案例进行分析,为生态移民区农业发展提供示范参考。

第二节　原隆村案例分析

闽宁镇原隆村是一个生态移民村,我们在了解基本村情概况的基础上,对该村农地确权、流转情况进行调研,对新型农业经营主体培育情况进行案例分析。

一、原隆村基本情况

原隆村位于银川市永宁县闽宁镇,是永宁县境内最大的生态移民村。原隆村于 2010 年成为移民规划建设开发区,于 2012 年开始组织搬迁工作,截至 2016 年已安置来自固原市原州区、隆德县两县区大山深处 13 个乡镇移民 1998 户 10578 人,其中回族人口占比为 33%。村内有卫生室 1 所、文化体育活动场所 1 个、金融代办点 1 个、电商服务站 1 个、专业合作社 1 个。目前,村村通公路率、道路硬化率、自来水入户率、宽带、4G 网络通信信号覆盖率、基本医疗保险参保率均达到 100%。支柱产业主要以光伏农业、特色种植养殖、休闲旅游为主。2018 年原隆村村集体收入共 75 万元,人均支配收入达 9000 元,截至 2019 年,全村还有 36 户贫困户共 191 人未脱贫。2020 年,原隆村实现了全面脱贫。

二、农地确权、流转现状

全村土地耕地面积共 6900 亩,已基本全部完成确权,并颁发了土地承包经营权证书,现流转土地 6300 余亩,实现土地流转费 400 余万元/年,并带动 3500 余人实现就业,提升移民年劳务收入达 6000 余万元。流转的土地主要用于种植酿葡萄酒,发展科技农业、肉牛养殖及农业观光旅游。

三、新型农业经营主体培育案例分析

案例一:宁夏立兰酒庄

宁夏立兰酒庄创建于 2013 年,坐落于宁夏回族自治区贺兰山东麓葡萄产区原隆村,是世界葡萄酿酒最具潜力的黄金地带。酒庄占地面积 1600 亩,建成了集葡萄种植、葡萄酒酿造及销售、旅游观光为一体的三产融合农业综合体。该项目的启动带动了原隆村 2000 多人实现稳定就业,快速推进了原隆村移民脱贫致富的步伐。

案例二:宁夏光伏农业科技示范园

坐落于原隆村的宁夏光伏农业科技示范园,由青岛昌盛日电太阳能科技有限公司承建,隶属华盛绿能农业科技有限公司,项目总投资4.5亿元,于2014年立项开工,2015年一期并网投产,装机容量为30MW,占地面积为1245亩,建成农业设施大棚588栋。园区依托农业设施大棚为载体,构建了集清洁能源利用、现代农业科技展示、荒漠化治理、扶贫创业、三产联动发展为一体的新型农业产业综合体,并形成食用菌、有机蔬菜、鲜切花、枸杞、茶叶种植、蝎子及蚯蚓特种养殖的产业布局,有效带动地区400余人就业、创业,实现农户人均增收翻倍。

案例三:棚湖湾树莓生态景区

位于原隆村的棚湖湾树莓生态景区由宁夏青禾农牧公司投资建成,占地面积2700亩,项目总投资2亿元,于2017年9月建成开业。景区采取"龙头企业+基地+村委会+农户""龙头企业+土地股份合作社+农户"的模式,以扶贫开发、生态开发为宗旨,打造集树莓特色种植、产品研发加工、生态农业观光于一体的农业产业园。项目的投产,为移民群众提供就业岗位500余个,带动闽宁镇5个移民村建档立卡贫困户1200家,实现移民群众年人均可支配收入达1.6万元,并通过国家专项扶贫资金投入企业经营变成资产收益,进一步提升了原隆村村集体经济。

第三节 福宁村案例分析

与原隆村不一样,福宁村非政策性生态移民占比大,人员流动性大,后期迁入的移民农地确权滞后,移民对农地权属认知不一。

一、福宁村基本情况

福宁村位于银川市永宁县闽宁镇政府驻地,110国道贯穿南北,此村大多为非政策性移民,全村共4589户19576人,其中常住人口2143户9755人,流动人口 2446 户 9821 人,回族人口 14393 人,占比为 73%。村内有卫生室 1 所、牛羊交易市场 1 个、金融代办点 3 家、农资店 3 家、电商扶贫点 1 家、种养合作社 3 个、养殖合作社 5 个。目前,村村通公路率、道路硬化率、自来水入户率、宽带、4G 网络通信信号覆盖率、基本医疗保险参保率都达到了 100%。支柱产业主要以商贸物流、特色种植、劳动输出为主。2018 年福宁村集体经济收入总额为 58.6 万元,到 2020 年年底,全村实现了全面脱贫。

二、农地确权、流转现状

本村早期搬迁的农户土地大多已完成确权颁证,后期迁入的还未进行确权。全村总耕地面积 8500 亩,土地流转面积 8182.55 亩。流转的土地主要用于酿酒葡萄种植、反季节有机水果蔬菜种植及玫瑰种植。

三、新型农业经营主体培育典型案例分析

案例一:银川玫瑰农业科技企业

2018 年 10 月,政府通过招商引资,引进银川玫瑰农业科技发展有限公司到福宁村发展特色种植,种植产品主要以金汇丰玫瑰为主。项目的引进为福宁村建档立卡贫困户及富余劳动力务工提供了 3000 余个就业岗位,并有效提升贫困群众收入达 30 余万元/年。

案例二:福建沈佳有机农业科技公司

“闽宁合作有机蔬菜种植”是 2018 年福建专家院士在“宁夏行”活动的签约项目,福宁村是福建沈佳有机农业公司投资的有机蔬菜种植基地之一。2018 年 12 月,福宁村与福建沈佳有机农业科技发展有限公司通过合作,流转土地 482.55 亩,注入资金 1500 余万元,建成新型环保节能日光温室 61 栋,种植反季节水果蔬菜,同时带动了建档立卡贫困户、富余劳动力 150 余人就业创业,形成了“支部+企业+合作社+农户”的发展模式,实现贫困群众增收 300 余万元/年。

四、农地确权与流转:基于案例的分析

原隆村是移民新村,主要以政策性移民为主,村民是自 2012 年以后才搬迁来的,考虑到移民群众来自贫困山区,缺乏发展基础,为帮助他们稳定发展生产,同步进入小康社会,在安置移民过程中,政府先试先行,一步步规划农地确权、流转与产业配套,并采用确权不确地的农地确权方式,高效快速推进农业规模经济发展。这样的操作,不仅可以简化农地确权流程,缩减农地确权成本,而且可以减少农地细碎化程度。通过政府强力组织推进,基层干部积极配合,当前原隆村耕地已基本全部完成确权颁证,农地流转率达到90%以上。

福宁村主要以非政策性移民为主,人员流动比较频繁。为稳步推进非政策性移民村社会、经济健康发展,多年来政府不断加强移民户籍、土地管理,对符合政策条件的非政策性移民办理入户手续,对不具备条件的非政策性移民办理暂住证,以此动态掌握非政策性移民人员流动状况;给予长期居住稳定且满足政策条件的移民农地进行确权,对居住不稳定、抛荒土地的移民,由政府将土地收回后重新转包给愿意经营的本地农户。通过多年不断深化、改革农地政策,当前福宁村农地产权得到了有效夯实,杜绝了土地私下非法交易和土地抛荒的现象。目前,大部分早期非政策性移民农地采取确权确地方式已进行了确权颁证,并通过产业配套,实现了农地规模流转。

在进一步测度生态移民村农地确权实施效果,受访农户对"土地确权对获得土地权利的帮助"认识中,有 13% 的农户认为土地确权对家庭获得土地权益没有帮助,87% 的农户认为土地确权对家庭获得土地权益有帮助;对"土地确权对土地经营管理的帮助"认识中,有 14.1% 的农户认为土地确权对土地经营管理没有帮助,85.9% 的农户认为土地确权对土地经营管理有帮助;对"土地确权对土地交易纠纷的影响"认识中,11.2% 的农户认为土地确权引发了土地交易纠纷,28.7% 的农户认为土地是否确权不会影响土地交易纠纷,60% 的农户认为土地确权会减少土地交易纠纷。从农户对土地确权实施的评

价认知结果可知:绝大多数农户认为,土地确权对农民土地权益有保障作用,并将促进土地经营管理,同时会减少土地交易纠纷,由此可以推断案例中土地确权对促进土地流转有积极影响作用。

五、农地流转与新型农业经营主体培育

土地规模流转是培育新型农业经营主体的前提,培育新型农业经营主体是促进农地规模流转、提升农村经济发展、推进城乡一体化建设的重要举措。为落实宁夏回族自治区百万人口扶贫攻坚战略,全面建成小康社会,在政府大力招商引资,培育新型农业经营主体的背景下,原隆村、福宁村移民农地实现了规模流转,并进一步促进了传统农业向现代农业、生态农业、科技农业转型升级。例如,原隆村的葡萄酿酒,依托葡萄酿酒产区优势与宁夏回族自治区万亩葡萄文化长廊,推进了品牌建设,有效地提升了农产品影响力;光伏科技农业,充分利用了光伏大棚上下空间,在棚上进行太阳能发电,棚下进行生态种养,使有效资源得到了集约利用,经济效益得到了提升;棚湖湾树莓生态景区,将农业与旅游第一、第三产业相融合,发展农业观光旅游生态农业,实现了资源整合,丰富了产业结构。福宁村有机蔬菜产业发展,融入了农业设施、采取了可持续发展农业技术,实现了经济效益、生态效益、环境效益的统一。新型农业经营主体的培育在有效促进土地规模流转的基础上,使原隆村、福宁村生态移民区农业走向了集约化、专业化、组织化、社会化、生态化的发展道路。

第四节　主要举措和经验

闽宁镇在促进生态移民"稳得住"、推进农地确权流转、培育新型农业经营主体方面,采取了一些举措,积累了一定的经验,值得总结提炼。

一、农地确权流转推进方面

(一)推动户籍改革

户籍制度既是实施生态移民区农地确权、流转及社会福利的前提和重要参考标准,也是顺利实施生态移民的基础。闽宁镇是一个纯移民乡镇,移民人口众多,户籍复杂,因而由移民迁入地与迁出地共同配合制订户籍转移实施方案及落实细责。户籍管理方面,当地政府以人为本,尊重现实,坚持科学发展观的原则,实行人性化管理,对超生计划、非婚生育等历史原因致使没有登记户籍的移民,移民可以在迁入地办理登记入户后再补办迁转手续,并且移民可以自愿选择享受迁入地或迁出地任意一边惠农补贴政策;针对非政策性移民户籍问题,对具备政策条件的非政策性移民,政府鼓励个人申请办理入户手续,统一纳入政策性移民进行管理,对不具备条件的非政策性移民,政府给予办理暂住证,纳入流动人口管理。

(二)创新农地确权政策

在移民农地确权过程中,政府管理部门及基层组织,因地制宜,对不同地区不同类型移民农地确权进行分类推进。例如,在土地集中连片且土地流转市场化程度较高的政策性移民区,一步规划农地确权、流转与农业规模经营发展,高效推进农业生产;在非政策性移民区,由于移民户籍问题、土地问题比较突出,且移民群众居住不稳定,农地确权不易落实,针对此类问题,政府在土地确权流转过程中,先行先试、探索路子,不断创新移民农地确权政策,对符合入户条件有房有地的非政策性移民,允许其按程序办理农地承包手续;对就近从事非农产业的移民,允许其通过组织程序对承包地进行有偿转让。

(三)加强土地规范管理

移民聚居区人员流动相对频繁,因而私自流转、倒卖土地的现象也时有发生,为进一步加强土地规范管理,减少农地纠纷,闽宁政府在土地管理过程中对土地台账进行分组、分户、分块管理,并实行镇村组三级土地管理办法;同时建立户籍迁移及土地承包监督机制,要求有关部门对所有关于户籍转移、土地承包、住房建设用地的相关事项必须进行公示,并设立举报信箱、举报电话,对不遵守户籍规定、土地管理办法的工作人员及群众,作出严格处理。

(四)深化产权制度改革

充分发挥地区产权交易中心作用,以科学发展观为指导,制定产权制度改革实施方案,推行土地承包经营权股权化、土地流转入股等方式,通过"村委会+合作社+村民"模式,将土地亩数换算成股数,入股土地股份合作社,并按照投资总额抽取比例作为分红资金及合作社社员、村集体的收益分配,使农民土地资源变资产、资金变股金、农民变股民,进一步拓宽农民、村集体增收渠道,逐步激活农村土地资源。

(五)加大农村改革政策宣传

由政府机关、涉农部门、农技专家、科技特派员、包村队等组成宣传小分队,开展"下农村、送政策、促发展"活动,通过进村入户、宣传册、组织会议、宣传栏、举办培训等多种方式,把生态移民、农地确权、农地流转、新型农业经营主体培育等相关惠农富农政策,用通俗的语言传播给农户,让他们了解政策、支持政策。通过广播电视台、信息中心等新闻媒体、文化单位,设立"三农"专题栏目,对国家、地方"三农"政策广泛进行宣传报道,进一步提高农户政策知晓率。

(六)强化农地交易基础

在移民区农地交易流转过程中,为进一步推进移民区农地流转,促进农业经济高效发展,永宁县政府积极开展各种职业技能培训(刺绣技能培训、电工工种技能培训、中式烹饪技能培训、技动车驾驶技能培训、建筑安装维修等培训),并发放移民技能培训补贴,2016—2018 年,永宁县累计发放移民技能培训补贴金额约 86 万元。同时,通过搭建移民群众与企业用工平台,畅通就业信息,解决移民就业及企业用工问题;通过提供优厚创业政策及扶持资金,帮助有意愿创业的移民开展个体经营,并进一步加强移民社会保障工作,对高龄移民农户、残疾人发放高龄补助、低保,保障移民基本生活。

(七)搭建土地流转服务平台

搭建农村产权交易服务平台,建立农村产权交易服务中心,形成县、乡、镇、村服务体系,并在乡镇民生服务中心设立"农村产权交易服务窗口",在各行政村设立"农村产权交易信息服务点",从上至下,为农村土地流转提供政策咨询、产权交易流转服务平台。土地流转合同方面,实行县、镇、村、组四级备案管理办法,切实加强农地交易管理和监督。

二、新型农业经营主体培育方面

(一)强化产业发展基础,促进农业发展

宁夏回族自治区是实施生态移民较早的省份之一,从 20 世纪 90 年代政府就进行农田基础开发建设,鼓励农户种植绿肥、使用有机肥改良土壤,营造农田林网,稳定农业生产。为稳定提高土地产出率,"十二五"期间,宁夏回族自治区政府出台了生态移民土地整治规划政策,对移民村耕地不平整、土壤质量低、盐渍化、土壤沙化等土壤问题及零散闲置土地进行土地整治;并不断加大力度完善移民村水、电、路等方面的基础设施建设,确保移民生产生活建设发展条件。通过土地整治、基础建设,有效保证了移民群众耕地质量及耕地面积,实现移民"搬得出、稳得住、逐步能致富"的目标,为移民区农业经营可持续发展,新型农业经营主体培育奠定基础。

(二)注重产业布局,发展特色农业

立足闽宁镇地理优势、资源优势,闽宁镇政府坚持以市场为导向,结构调整为主线,不断优化产业布局,重点发展特色种植(葡萄、枸杞、红树莓、有机蔬菜、中药材)、特色养殖(肉牛、蛋鸡)农业产业,通过产业"造血",为移民群众增收开辟了一条康庄大道,并形成了以政府引导、企业主导、社会参与的产业发展机制。

(三)加强政府扶持,壮大农业经济

产业扶持:依托安置区资源禀赋,着力培育区域富民产业,建立移民区农业产业与龙头企业利益发展机制,采取"经营主体+村集体+移民""经营主体+移民""企业+合作社+移民"等的增产攻关合作模式,大力推进移民区产业发展。在产业政策方面,制定农业优势特色产业发展扶持政策,明确加快新型农业经营主体培育,推进农业品牌创优的政策扶持实施细则。

资金扶持:大力发展村镇银行,积极引进各类金融机构,通过基金担保、互助资金、信贷、土地流转使用权抵押扩大贷款范围和额度,有效解决企业贷款难的问题。通过资金整合,2016年永宁县政府整合资金,投入原隆村光伏产业发展担保金500万元,投入发展原隆村养殖园区肉牛托管项目600万元,投入宁夏犇旺生态养殖公司300万元,为培育移民区新型农业经营主体提供了资金保障。同时,通过资金切块方式,加大农业产业奖励补贴、支持补贴,并采取政府贷款担保、风险补偿、贷款贴息等多种方式,加大新型农业经营主体资金扶持。

技术扶持:在产业集中区,建设服务产业发展技术服务站、种苗供应站、产业服务车间及田间学校,对移民群众进行农业技术培训;成立产业技术服务组,要求每个产业至少配有一名厅级干部、一名处级干部主抓负责,且每个移民村至少配有一支产业技术服务团队及一家新型农业经营主体。同时组织专

业大户、家庭农场等新型农业经营主体学习现代农业科学技术及先进管理办法,并结合市场及企业要求,对农村富余劳动力开展职业技能培训、订单培育。

(四)大力培育、引进新型农业经营主体

围绕特色产业,大力培育家庭农场、种养大户、农村专业合作社,同时大力引进农业龙头企业(如宁夏鑫源东麓、沈佳农、青岛昌盛、东阿集团、银川玫瑰农业、宁夏华盛绿能、宁夏青禾农牧等农业企业),积极推进农业适度规模经营及产业化发展。制定完善招商引资激励机制,在农业经营主体税收、土地、资金、资源等方面给予优惠政策,通过政策招商、驻点招商、以商招商等多种形式大力引进有市场、有技术、有品牌的农业龙头企业,形成示范和带头作用;通过加强建设政府、新型农业经营主体、村集体的合作机制,不断形成合力,推进区域经济发展。

第五节　取得的主要成效

闽宁镇在相关举措下,农地确权流转稳步推进,促进了农业适度规模经营,新型农业经营主体培育也取得了一定成效。

一、夯实土地产权并稳定移民发展

闽宁镇移民聚居区由于早期移民开发区农业生产条件恶劣,搬迁农户生存困难,两头安家生产,所以出现了很多土地抛荒、私自转让土地、买卖土地的现象,严重浪费了土地资源,同时引发了很多社会矛盾。为加强土地开发利用及土地资源管理,闽宁镇政府在移民区农地开发利用方面,投入大量资金,集国家、集体、群众力量对荒漠土地、贫瘠土地、风沙侵害土地、盐碱化土地进行开发改良,使土地耕地面积、土地经济效益得到了很大提高,确保了移民稳定发展。在农地管理方面,最初对开发区实行"增人不增地,减人不减地"的农

地承包政策,稳定农地开发建设;对居住不稳定、抛荒土地的移民,由开发区将土地收回后重新转包给愿意经营的县内农户;对就近从事副业的移民允许其通过组织程序进行土地有偿转让。在不断实践、改革、深化移民农地政策的基础上,移民土地产权得到了有效夯实,土地权益得到了保障,实现了移民"搬得出、稳得住"的目标。

二、形成适度规模经营并促进脱贫致富

通过科学布局产业,促进土地合理流转,同时依托农业龙头企业资源,闽宁镇打造了规模酿酒葡萄示范基地、饲草种植基地、庭院养殖基地、枸杞种植基地、红树莓种植基地等,同时基本形成了"一村一品"的产业格局。农户土地流转后,不但可以获得农地流转租金,而且可以就近基地务工获得劳务收入或承包农业公司经营项目获取更大利润,经济收益相比之前得到了大幅度提高。部分有想法的农户将土地流转后,通过政府的扶持搞起了餐饮、贸易、销售、运输等副业,直接走向了发家致富的道路。到 2019 年闽宁镇 6 个移民村全部实现脱贫,移民人均可支配收入高达 14000 余元。

三、新型农业经营主体培育推进乡村产业振兴

培育新型农业经营主体是提高农业经济效益的主要途径,闽宁镇在培育新型农业经营主体过程中,通过政府政策引导、项目规划等方式,逐步完善了农村水、电、路、网等生活及农业基础设施建设,并培育形成了闽宁镇特色支柱产业。生活基础设施方面,目前闽宁镇六个行政村村村通公路率、道路硬化率、自来水入户率、宽带、4G 网络通信覆盖率都达到了 100%。农业基础设施方面,通过多年持续加大资金投入建设,形成了水利排灌排碱工程、防洪工程、灌区工程,为农业稳步快速发展奠定了扎实的基础。农业特色产业支柱方面,充分发挥地区资源优势,形成了"葡萄种植、黄牛养殖、培育菌草、光伏农业、劳务输出"五大产业,逐步稳定了产业经济发展,进一步促进乡村振兴。

第六节　存在的问题

通过调研,也发现了生态移民聚居区面临农地流转机制不健全、保障措施乏力、移民发展内生动力不足、与新型农业经营主体利益联结松散等问题,制约了生态移民可持续发展。

一、聚居区农地流转机制不健全

农地流转缺乏中介组织,还未形成市场运作和调节机制,无法保证农村土地产权公开、公正交易运行,致使移民土地流转范围及对象选择余地较小。在农地流转过程中缺乏风险防控机制,一旦新型农业经营主体经营亏损、破产,无法支付农户土地租金或续租土地,农户权益将受到严重损害,并同时引发农地纠纷。由于农村农业管理部门人员不足,政府力不从心,监管不到位,使移民农户农地流转纠纷缺乏合理诉求渠道。

二、移民农地流转保障措施乏力

移民村部分中老年人就近农业公司务工,大部分青年人进城寻求发展,但城镇农民工社会保障体系不健全,其就业、子女上学等不能享受城市居民同等待遇,进而影响务工农民稳定就业。土地承载着农民生计的最终保障,当农民后顾之忧无法得到解决,他们将保留土地做二次返乡计划,因而部分农民愿意粗放管理土地或抛荒土地,也不愿将土地长期流转出去。长期如此,农地资源将无法得到充分有效利用,同时不利于农业生产规模经营。另外,城镇对农村就业人口吸纳能力有限,大量的务工移民转移城镇,"多代多人"家庭住房困难问题,容易引发家庭矛盾、激化社会冲突等问题。

三、移民自我发展内生动力不足

部分生态移民群众小农思想根深蒂固,"等、靠、要"依赖思想严重,自我发展动力不足。在国家阳光政策下,自闽宁对口帮扶以来,移民群众过上了"不愁吃不愁穿"的生活,由于移民思想不开放,要求不高,大部分移民农户安于在村边或镇边打零工,没有发展动力和长远规划。而闽宁的农业经济在快速发展的路上,急需一批懂技术、懂管理的新型职业农民,仅通过人才引进收效甚微,需在强内力、引外力的基础上,不断催生闽宁经济发展的内生动力,进一步促进乡村振兴发展。

四、新型农业经营主体利益联结松散

新型农业经营主体与农户等各方利益联结不紧密,现有农业产业效益不高。具体表现在:一是移民农户参与新型农业经营主体项目,主要以基地务工形式为主,参与项目经营程度不高,稳定性差,积极性不强。二是政府对新型农业经营主体扶持投入资金大,但产业扶持效果不理想,社会效益不明显。三是新型农业经营主体项目产品研发不足,科技含量不高、产业链不长,很难形成市场竞争力。

第七节 推进建议

针对闽宁镇案例调研点发现的问题,我们特提出需要进一步完善农地流转服务体系建设、提交生态移民自我发展内生动力、科学布局规模统筹城乡发展、加快推进新型农业经营主体培育等建议,以促进移民聚居区持续发展。

一、完善土地流转服务体系建设

土地流转服务体系是否完善,直接影响土地流转效益和农户土地财产权

益。政府要充分认识土地流转服务体系建设的重要性,从农业长期发展规律、发展趋势调整、建设农地经营权流转服务体系,稳定有序健康推进农地流转,确保农户合法权益不受侵犯。目前,闽宁镇已在镇民生服务中心设立了"农村产权交易服务窗口",在各行政村设立了"农村产权交易信息服务点",但服务内容主要为土地流转信息发布、农业政策咨询项目,建议在此基础上进一步完善农村产权交易机构,并组建土地纠纷协调委员会,以保证农户土地纠纷合理诉求,避免农户纠纷调解无门、反复上访的现象发生,从而影响农户农地流转积极性。此外,要发挥政府主导作用,加强农地流转过程监管,建立健全农地流转风险防控机制,有效维护农户土地财产权益。

二、提高生态移民自我发展内生动力

大力加强移民教育实施建设,激发群众内生发展动力,逐步减少直接政策补贴、补助,逐步增加农户培训补助、补贴,帮助移民实现思想脱贫,才是长远发展之计。首先,鼓励农村返乡大学生、种植能手、村干部等优秀人才兴办家庭农场、农村合作社,辐射带动农户发展,农户变被动发展为主动发展,为农村农业生产注入活力。其次,加强农村优秀人才的农业技术、农业经营等的培训力度,让这部分人更好地发挥引领带动农村农业经济发展的作用;对普通农户,加大就业技能、职业素养培训,使他们更好地参与到新型农业经营主体的发展建设,以此转变移民农户群众依赖思想,不断提高移民农户内生动力和发展决心。

三、科学布局规划统筹城乡发展

兼顾城镇农村人口容纳能力及新型农业经营主体用工需求,合理控制农村人口流动。农村土地规模流转后,大量农村人员流向了城市,只留下中老年人留守农村,无法满足新型农业经营主体用工、人才培养需求,从而增加新型农业经营主体用工成本。农村经济的发展,不仅需要政府的科学布局、规划,新型农业经营主体的资源注入,同时需要更多的新型职业农民共同推进。一方面,不断加强农村教育、医疗卫生等资源配置,吸引农村有为青年共同参与农村建设发展,补齐农村人才"短板",合理调整城乡人口流动。另一方面,逐步完善城镇务工农民社会保障体系,在同等条件下,使务工农民及子女可以享有城市居民同等资源待遇,让进城务工农民得到一定的生存空间和应有的尊重。

四、加快推进新型农业经营主体培育

一是搭建科学合理的招商引进机制。根据区域特色发展及需求引进新型农业经营主体,对新型农业经营主体技术、管理、资金方面要严格把控,防止新型农业经营主体经营不善、破产以及政府兜底的现象发生,同时,杜绝新型农业经营主体利用政府优惠政策"套取政策红利"现象发生。二是在对新型农业经营主体政府资金支持方面,将资金支持倾向于人才培育、人才引进、农产品研发、农产品深加工方面,不断提高农产品技术含量及产品质量;资金支持方面要分批落实,对于发展良好,确实带动地方经济的企业要加大资金支付、政府扶持,不断培育壮大新型农业经营主体。三是培育多种模式的新型农业经营主体,使专业大户、家庭农场、农村合作社、农业龙头企业合作互补,相互依存,形成多元发展的态势。四是注重新型农业经营主体内生性发展,同时优化扶持政策,兼顾农户、新型农业经营主体、政府三者的利益关系。

第五章　生态移民农地确权、流转调研统计与回归分析

对生态移民聚居区农地进行确权、流转,是提高农业生产效率、实现生态移民"搬得来、稳得住、富起来"的前提。随着生态移民的实施,生态移民区农地确权、流转问题日益凸显,严重影响社区产业、社会和谐发展。为深入剖析生态移民聚居区农地确权、流转面临的问题及障碍,本章节拟首先对西部生态移民聚居区农地确权、流转调研的情况进行统计描述和回归分析,初步了解样本区农地确权、流转现状;其次,进一步分析生态移民对农地确权政策实施满意度的影响因素,找出影响生态移民农地确权政策实施满意度的关键因子,为推进生态移民农地确权及深化农地政策提供借鉴;最后,实证分析生态移民聚居区农地确权对移民农户农地流转行为的作用机制,验证农地确权对农地流转行为的影响。

第一节　农地确权政策实施满意度影响分析

土地是农民最重要的资产,农民享有其支配权、经营使用权、自主决策权和收益处置权等权能。做好农村土地承包经营权确权登记颁证工作,是巩固和完善我国农村基本经营制度的重要举措。通过农村承包地确权颁证,进一

步加强了农村土地承包经营权的物权保护力度,让农民真正吃上了长效的"定心丸"。为此,结合录入形成的贵、滇、宁3省区生态移民农地确权流转问卷数据库,运用二元 Logistic 模型,首先对生态移民对农地确权政策实施的满意度进行量化回归分析,厘清农地确权关键影响因子,为农地确权、流转政策完善提供依据和参考。

一、研究假设

本书假设生态移民对农地确权政策实施的满意度受人口特征、迁移特征、经济特征、政策认知、土地特征的影响。

人口特征包括生态移民农户的年龄、文化程度、从事的职业类型、家庭总人口数、家庭劳动力人数。农户年龄、文化程度会直接影响农户认知判断能力,农户年龄越大对农地依赖性越强,对确权政策实施满意度评价满意的概率越低;随着受教育年限的增加,农户认知判断能力、生计能力会有一定提高,更倾向理性评价事物,因而对确权政策实施满意度评价满意的概率会增高。部分地区农地政策中土地承包数量与农户家庭总人口数直接挂钩,在一定程度上会影响农户对确权政策实施的满意度,因各地情况不统一,无法预期作用方向,暂不做方向假设。家庭劳动力的数量直接决定了家庭农地经营面积的能力,家庭劳动力人数越多,希望承包的农地越多,越倾向对农地确权政策实施评价不满意。

迁移特征包括迁移区域类型、迁入时间,一般来说移民两地搬迁距离越远,搬迁成本越高,实施难度越大,从而增加对农地确权政策实施不满意的概率;移民迁入时间越早,对迁入地生活习俗、农业生产方式越熟悉,发展基础越扎实,会在一定程度上提高对农地确权政策实施评价的满意度。

经济特征包括生态移民的家庭经济状况、土地经营收入在家庭收入中的占比、搬迁后经济变化,家庭经济状况差、土地经营收入占比大的农户收入来源少,对土地的依赖程度更强,从而对确权政策实施不满意。搬迁后经济提高程度越明显,说明移民实施效果越理想,对农地确权政策实施满意的概率越高。

政策认知包括是否了解农地确权政策、确权政策获取途径方式,了解农地确权政策的农户,更加容易认知农地确权的意义、价值,从而提高确权政策实施满意度。农户确权政策获取途径主要来自政府宣传渠道,说明政府政策宣传到位,农地确权工作准备充分,会正向影响农户对确权政策实施的满意度评价。

土地特征包括土地地形、农地总面积,土地地形为平原的地区相比山地地区,更有利于交通建设,交通可能会更发达,农户对确权政策实施满意度也会提高。农户农地总面积包含承包地面积、自开地面积,且生态移民区农地确权政策比较复杂,所以暂不做方向假设。

二、模型选择

本章实证分析移民对农地确权政策实施满意度的影响因素,因变量生态移民对农地确权政策实施是否满意为定性二分变量,因此,选择二元 Logistic 模型进行量化回归分析。因变量取值为"0"和"1",当取值为 1 时,表示移民农户对农地确权政策实施情况满意;取值为 0 时,表示移民农户对农地确权政策实施情况不满意。具体模型为:

$$logit(p) = \ln(\frac{p}{1-p}) = \beta_0 + \sum_{i-1}^{14} \beta_i X_i + \varepsilon \tag{5-1}$$

在模型中,p 代表移民农户对农地确权政策实施情况评价为"满意"的概率,X_i 为影响移民农户对农地确权政策实施评价影响的因素,β_i 表示影响因素的系数大小,β_0 为截距,ε 表示误差。

三、数据分析

本书针对已完成农地确权和已开展农地确权的移民村进行了农地确权政策实施满意度调查,获得此模块有效问卷共 605 份。本书原设计采用李克特(Likert)五级量表测度移民农户农地确权政策实施满意度,但考虑到政策评价性较强,涉及国家、地方政策评价时,农户大多倾向于折中保守评价,且部分边疆地区移民农户受教育少,对政策感知模糊,因而本书调整成"不满意/一般/满意/不清楚"的量表进行测度。同时,将回答"不清楚"问卷删除后,将量表归并为"满意"和"不满意"两个维度,评价"一般"是与预期目标还存在一定差距,因而将"一般"归类为"不满意"维度。删除"不清楚"问卷共45份后,问卷共计460份,满意问卷为375份,占比为81.5%,不满意问卷为85份,占比为18.5%。

四、变量选择

根据现有文献和项目研究目标选取解释变量,认为移民农户对农地确权政策实施工作满意度评价受人口特征、迁移特征、经济特征、政策认知、土地特征五个方面的影响,解释变量见表5-1。

表5-1　变量定义及赋值

类型	变量名称	赋值及定义
人口特征	年龄	移民实际年龄,取值范围:18—83岁
	文化程度	没上过学=1;小学=2;初中=3;高中及以上=4
	职业类型	纯农业=1;以农业为主=2;以副业为主=3;纯副业=4
	家庭总人口数	移民家庭实际总人口数,取值范围:1—10人
	家庭劳动力人数	移民家庭实际劳动力人数,取值范围:0—6人
迁移特征	迁移区域类型	移民迁入与迁出地区域类型:县内迁移=1;县外州(市)内迁移=2;州(市)外省内迁移=3
	迁入时间	移民从迁出地搬至迁入地的时间
经济特征	经济状况	移民目前家庭经济状况:比较困难=1;中下=2;中等=3;好=4
	土地经营收入占比	土地经营占家庭收入比重:30%以下=1;31%—50%=2;51%—70%=3;71%—90%=4;91%以上=5
	搬迁后经济变化	移民搬迁后的家庭经济变化情况:明显下降=1;略微下降=2;差不多=3;略微提高=4;明显提高=5

续表

类型	变量名称	赋值及定义
政策认知	是否了解农地确权政策	是＝1;否＝0
	确权政策途径获取方式	政策宣传途径＝1;个人获取途径＝2
土地特征	土地地形	移民迁入地土地地形:平原＝1;山地＝2
	农地总面积	移民迁入地当前农地总面积

五、模型回归分析

本书运用统计分析软件 SPSS 17.0 进行 Logistic 回归分析,模型通过了综合检验,且拟合优度检验(Hosmer—Lemeshow)p 值为 0.618,残差值(Cox & Snell)R^2 为 0.205、模型拟合度(Nagelkerke)R^2 为 0.333(见表 5-2),值相对较高,说明模型与数据拟合良好。本书进一步对回归结果做以下分析。

表 5-2　模型回归结果

变量名称	系数值	标准误差	卡方值	显著性检验	OR 值
年龄	0.006	0.014	0.173	0.677	1.006
文化程度	−0.069	0.201	0.119	0.730	0.933
职业类型	0.181	0.188	0.924	0.336	1.198
家庭总人口数	−0.068	0.111	0.373	0.541	0.934
家庭劳动力数	0.139	0.146	0.902	0.342	1.149
迁移区域类型	−0.603	0.303	3.949	0.047[**]	0.547
搬迁时间	−0.018	0.030	0.369	0.543	0.982
经济状况	−0.244	0.171	2.034	0.154	0.784
土地经营收入占比	−0.285	0.114	6.267	0.012[**]	0.752
搬迁后经济变化	0.570	0.181	9.957	0.002[***]	1.768
是否了解农地确权政策	1.172	0.388	9.113	0.003[***]	3.227
确权政策获取途径方式	−0.030	0.661	0.002	0.964	0.971
土地地形	−3.566	0.823	18.758	0.000[***]	0.028

续表

变量名称	系数值	标准误差	卡方值	显著性检验	OR 值
农地总面积	0.008	0.007	1.488	0.222	1.009
常量	44.094	61.543	0.513	0.474	1.412E19
拟合度 Sig. 值为 0.618			最大似然值为 334.742		
残差值为 0.205			模型拟合度为 0.333		

注:**、***表示在 5%、1%水平下显著。

人口特征变量的影响。在移民农户人口特征变量中,移民农户年龄、文化程度、职业类型、家庭总人口数、家庭劳动力人数变量对农户政策实施满意度评价影响不显著。说明调查样本生态移民聚居区农户对农地确权政策实施工作满意度评价与人口特征无显著相关关系。

迁移特征变量的影响。在生态移民农户迁移特征的变量中,迁出类型变量通过了负向 5%的显著性检验,表明移民搬迁距离(迁出地与迁入地距离)越远,移民对农地确权政策实施工作评价满意的概率越低。不难理解,生态移民迁移距离越远,迁移资本越高,生态移民工作实施越复杂,问题越多,从而降低农地确权政策评价满意的概率。调查过程中发现,迁移距离越远的移民,迁出地与迁入地生活习惯、农业生产方式差异越大,相比迁移距离近的移民,迁移距离远的移民适应性相对较弱。

经济特征变量的影响。在移民农户经济特征变量中,土地经营收入占比变量通过了 5%显著性检验且方向为负,说明农户土地经营收入占比越大,对农地确权政策实施工作评价越倾向于不满意。可能的原因:土地对农户的重要性随着农户家庭土地经营收入占比加大而增强,土地是农民生存之根本,当土地经营成为农户重要经济来源时,农户通过农地确权来保护个人土地权益的期望会提高,因而会增加农户对农地政策实施不满意的概率。搬迁后经济变化变量通过了 1%正向显著性检验,表明移民农户搬迁后的经济变化越好,农户对农地政策实施工作满意的可能性越大。移民经济状况变化越好,可知移民实施成效越显著,从而提升移民对相关政策实施的满意度。

政策认知变量的影响。在移民农户对农地确权政策认知变量中,是否了解农地确权政策变量在1%的水平上通过了正向显著性检验,说明农户通过对农地确权政策的了解,更容易理解农地确权的最终目的在于保护农民土地权益,因而会积极配合农地确权,使个人土地权利得到有效保障,提高农地确权政策实施满意度。

土地特征变量的影响。在土地特征变量中,移民聚居区地形为平原的移民农户更倾向于对农地确权政策实施工作评价满意。调查过程中发现,平原地区地势平坦、广阔,在农业基础建设条件方面要优于山地地区,农业基础配套的完善不仅可以压缩劳动力成本,提高粮食产量,同时将有助于农地增值及农业规模经营。山地地形,地势复杂、偏僻,部分农地边界不易清晰确定,存在农户随意扩张农地面积的现象,会进一步激化农地确权矛盾,因而农户对农地确权政策实施工作评价不满意的概率会更高。

六、结论与政策启示

本章以农地确权为基础,主要从移民农户对农地确权政策实施工作满意度评价视角分析农地确权政策实施效果,从中剖析农地确权面临的障碍及存在的问题,并总结如下:从整体数据来看,整理归类调查样本中移民农户对农地确权政策实施工作评价满意度较高,但并非表明农地确权政策实施成效显著,因为部分移民对农地确权政策不清楚,没有作出具体满意度评价,这说明农地确权政策还需要不断改进、提升。模型回归数据显示,迁移特征中移民迁移区域类型变量对移民农户确权政策满意度呈负向显著作用,即移民搬迁距离越远,对农地确权政策实施工作满意度越低,远距离搬迁难度大,问题多,会连带引发移民安置相关的农地政策实施矛盾,不利于推进农地确权;经济特征中土地经营收入占比、移民经济变化变量显著影响移民农户确权政策满意度,土地经营收入占比呈负相关,搬迁后经济变化呈正相关,土地经营收入占比越低、搬迁后经济状况变化越好,移民农户政策确权满意度越高;政策认知中,是否了解农地确权政策变量与移民农户确权政策满意度有显著正向关系,说明政策执行部门政策宣传工作越全面,农户认知能力越强,对确权政策满意度会越高;土地特征中,土地地形变量负向显著影响移民农户确权政策满意度,相比迁入地为平原地区的移民,迁入地为山地地区的移民农户政策满意度偏低,农地确权工作更难开展。

基于上述研究结论,得出以下政策启示:第一,农地确权政策宣传还存在盲区,需加大农地相关政策宣传力度,确保绝大多数农户了解、清楚农地确权政策,认识农地确权的意义和重要性,在提高政策认知基础上积极配合农地确权政策实施工作,进一步推进农地确权;第二,针对农地确权外部干预因素,要区分对待,缩小差距,例如针对远距离搬迁移民,要增加人力、物资、财政支持,帮助移民快速适应迁入地农业生产及生活方式,同时加大农业技术指导,不断提高农业生产力和生产水平,保障农户基本经济收入,并拓宽收入渠道,通过技术培训、劳务输出等途径提高农户经济收入,降低其土地依赖性;第三,农业基础配套设施直接影响移民农户生产积极性和农业增收,因而针对基础配套设施条件差的地区,要增加农业基础设施建设专项投入资金,加大农业基础配套设施建设力度,从而降低移民农户劳动力生产成本,进一步提高农业生产效益。

第二节　农地确权对移民农户流转行为的影响分析

生态移民农地确权与否,以及对农地确权政策的认知,对生态移民农户农地流转行为产生一定的影响。为此,运用二元 Logistic 模型,就生态移民农地确权对生态移民农地流转行为影响开展量化回归分析,厘清关键影响因子。

一、研究假设

农地确权既是界定产权、保护产权的主要手段,也是改善资源配置的基础。土地承载着农户生存、养老之保障,是农民最重要的生产资料,农户只有在土地产权安全的情况下,才会增加土地流转。农地确权主要通过以下方面促进土地流转:首先,农地产权的界定,赋予了农户土地权利,使农地可以进入市场自由交易,不断改善土地资源配置;其次,农地确权将农户土地面积、位置、边界得到了确定,使农户土地承包经营权得到了广泛认同,进而提高土地交易安全性,减少农户土地流转顾虑;最后,在土地流转过程中,清晰的土地产权将增加土地转入方对转出方的信任度,同时可以保护转出方农户土地权益不受侵害。基于以上分析,本书假设农地确权将显著影响移民农户土地转出行为。

二、模型选择

选择二元 Logistic 模型实证分析生态移民聚居区农地确权对移民农户农地流转行为的影响,因变量取值为 1 时,表示移民农户发生农地转出行为,因变量为 0 时,表示移民农户没有发生农地转出行为。具体模型为:

$$logit(p) = \ln(\frac{p}{1-p}) = \beta_0 + \sum_{i-1}^{16} \beta_i X_i + \varepsilon \qquad (5-2)$$

在模型中,p 代表移民户发生农地转出行为的概率,X_i 为影响移民农户农地转出行为的影响因素,β_i 表示影响因素的系数大小,β_0 为截距,ε 表示误差。

三、数据分析

本书对完成农地确权及未完成农地确权的移民聚居区开展了农地流转行为调查研究,共获得此模块有效问卷 605 份,其中已完成农地确权的样本有

343 份,未完成农地确权的样本有 262 份;605 份问卷中,发生农地转出的有
160 份,未发生农地转出的有445 份;160 份发生农地转出的问卷中,有149 份
农地已完成确权,有 11 份未进行农地确权。

四、变量选择

本书关注的主要解释变量是农地是否确权,根据现有研究成果和项目研
究目标,除农地确权外,农户农地转出行为还受到产权认知、人口特征、迁移特
征、经济特征、土地特征、交易因素的影响,具体解释变量见表5-3。

表 5-3　变量定义及赋值

类型	变量名称	赋值及定义
农地确权与产权认知情况	农地是否确权	迁入地农地是否确权:是=1;否=0
	农地产权认知	农地所有权归属认知:村集体=1;个人=2;
人口特征	年龄	移民实际年龄,取值范围:18—83 岁
	文化程度	没上过学=1;小学=2;初中=3;高中及以上=4
	职业类型	纯农业=1;以农业为主=2;以副业为主=3;纯副业=4
	家庭总人口数	移民家庭实际总人口数,取值范围:1—10 人
	家庭劳动力人数	移民家庭实际劳动力人数,取值范围:0—6 人
迁移特征	迁移区域类型	移民迁入与迁出地区域类型:县内=1;县外州(市)内=2;州(市)外省内=3
	迁入时间	移民从迁出地搬至迁入地的时间
经济特征	经济状况	移民目前家庭经济状况:比较困难=1;中下=2;中等=3;好=4
	土地经营收入占比	土地经营占家庭收入比重:30%以下=1;31%—50%=2;51%—70%=3;71%—90%=4;91%以上=5
	搬迁后经济变化	移民搬迁后的家庭经济变化情况:明显下降=1;略微下降=2;差不多=3;略微提高=4;明显提高=5
土地特征	土地地形	移民迁入地土地地形:平原=1;山地=2
	迁出地是否有土地	迁出的地方是否还有土地:是=1;否=0

续表

类型	变量名称	赋值及定义
交易因素	是否关心流转成本	是否关心农地流转成本:很不关心=1;不太关心=2;一般=3;比较关心=4;非常关心=5
	是否关心流转期限	是否关心农地流转期限:很不关心=1;不太关心=2;一般=3;比较关心=4;非常关心=5

五、模型回归结果分析

模型回归通过了综合检验,且拟合度检验(Hosmer - Lemeshow)p 值为 0.552,残差值(Cox & Snell)R^2 为 0.576、模型拟合度(Nagelkerke)R^2 为 0.841 (见表5-4),表明模型与数据拟合度较高,并从回归结果中得出以下结论。

表5-4　模型回归结果

变量名称	系数值	标准误差	卡方值	显著性	OR 值
农地是否确权	2.047	0.551	13.784	0.000***	7.742
农地产权认知	-1.032	0.507	4.142	0.042**	0.356
年龄	-0.007	0.019	0.128	0.721	0.993
文化程度	-0.161	0.281	0.328	0.567	0.851
职业类型	0.141	0.265	0.285	0.594	1.152
家庭总人口数	-0.325	0.157	4.260	0.039**	0.723
家庭劳动力人数	0.170	0.220	0.598	0.439	1.185
迁移区域类型	-0.256	0.374	0.468	0.494	0.774
迁入时间	0.023	0.038	0.373	0.542	1.023
经济状况	-0.433	0.305	2.019	0.155	0.648
土地经营收入占比	0.304	0.197	2.384	0.123	1.356
搬迁后经济变化	0.340	0.293	1.346	0.246	1.405
土地地形	-6.661	0.751	78.731	0.000***	0.001

续表

变量名称	系数值	标准误差	卡方值	显著性	OR 值
迁出地是否有土地	−1.024	0.553	3.432	0.064 *	0.359
是否关心流转成本	−0.263	0.340	0.597	0.440	0.769
是否关心流转期限	0.636	0.350	3.310	0.069 *	1.889
常量	−36.539	76.229	0.230	0.632	0.000
拟合度 Sig. 值为 0.552			最大似然值为 180.093		
残差值为 0.576			模型拟合度为 0.841		

注：*、**、***表示在10%、5%、1%的水平下显著。

农地确权及产权认知变量的影响。是否确权变量通过了正向 1% 的显著性检验。结果表明：生态移民聚居区农地确权对农地转出有促进作用。一是通过对生态移民聚居区农地确权颁证，增进了农地交易双方的信任度，减小农地交易摩擦力[1]，促进生态移民聚居区农地流转顺畅。二是通过生态移民聚居区的农地确权颁证，使生态移民农地承包经营权得到了社会的广泛认可，提高了生态移民农户农地交易的自由度，进而促进了农地流转。[2] 农地产权认知变量在 5% 水平显著影响生态移民的农地转出行为，系数为负。可见，认同农地所有权归属村集体的生态移民土地转出概率要高于认为农地所有权归属个人的生态移民。分析其中的原因，不难看出：当生态移民认为农地所有权归属自己时，将更加珍惜农地资源，由于担心农地转出会遭到滥用和破坏，就越不容易发生土地转出行为；认为农地所有权归属于村集体的生态移民，说明其对农地权属有清晰的认识，移民对政策的了解

———————

[1]　Feder R.G., Nishio A., "The Benefits of Land Registration and Titling: Economic and Social Perspectives", *Land Use Policy*, Vol.15, No.1, 1999, pp.25–43.

[2]　刘同山、孔祥智：《确权颁证、子孙传承与农民的承包地转让意愿》，《中国人口·资源与环境》2019 年第 3 期。

越深,规避土地交易风险的能力越强,所以认为农地归村集体所有的移民土地转出的概率更高。①

人口特征变量的影响。人口特征变量中,家庭总人口数在负向5%水平上通过了显著性检验。表明家庭人口数越多,越不容易发生农地转出。可能的原因:家庭人口数越多,粮食需求越大,因而农地转出行为概率越低。调查发现,农户农地流转租金普遍偏低,大多发生农地流转的农户需要通过到当地农业园区打零工、外出务工补贴家用,由于务工收入不稳定,因而家庭人口数较多的农户为保证家庭供粮需求及日常开支,不愿将土地转出。

迁移及经济特征变量的影响。迁移特征中变量迁移区域类型、迁入时间及经济特征中变量经济状况、土地经营收入占比、搬迁后经济变化对移民农户农地转出行为影响不显著。说明调查样本中移民农户农地转出行为与移民迁移特征、经济特征无显著相关关系。

土地特征变量的影响。土地特征变量中,土地地形变量在负向1%的水平上通过了显著性检验。说明平原地形农地流转概率高于山地地形,因为山地农地地形复杂、偏僻且农地细碎化程度高,开发难度大,不利于土地流转。迁出地是否有农地变量通过了10%负向显著性检验,表明迁出地有农地的农户农地流转概率更低,可能的解释:一方面按照移民程序,移民搬迁后迁出地农地应当归还村集体或国家,迁出地仍有农地的移民农户,可能迁移手续还未完善;另一方面移民迁出地大多为偏远山区,部分农地政策还处于管控盲区,因而移民在迁出地仍享有农地。这部分移民由于担心迁移手续还未完善将使迁入地流转出去的土地很难收回,因而不倾向于流转出土地。

交易因素变量的影响。针对"是否关心农地流转期限"变量通过了10%水平的显著性检验,系数为正,这说明生态移民农户对土地流转期限关注度越高,越容易发生土地转出行为。通过对云南省普洱市思茅区和江城县、宁夏回

---

① 廖桂莲、张丽华、张体伟:《生态移民农地确权与流转行为的影响因素分析》,《云南社会科学》2020年第5期。

族自治区银川市永宁县等地区的调研发现：多数离乡不离土的生态移民比较关心农地流转期限。其中的原因可能在于：我国城乡"二元结构"刚性问题长期存在，进城务工的生态移民受自身的技能技术、知识水平等因素制约，难以在城市安家乐业的情况下，恋土情结越加浓厚，因而比较关心自身农地流转的期限。另外，农村发展资源和发展机会比较缺乏，生态移民通过外出进城务工来提高家庭经济收入水平，没有更多精力从事其农业生产，加之，农业比较效益低下，生态移民的农地转出概率就会增高。

六、结论与启示

本章实证分析了移民聚居区农地确权对移民农户农地转出行为的具体影响，研究结果表明：农地确权对移民农户农地转出行为有显著促进作用，与前文假设一致；农地产权认知情况与农户农地转出行为显著相关，即认为农地所有权属于村集体的农户农地转出概率高于认为农地所有权属于个人的农户。说明提高农户农地政策认知，对农户农地转出有积极促进作用。另外，人口特征变量中，家庭总人口数对农户农地转出行为有负向显著影响，随着家庭人口数的增多，农户越不倾向于转出农地；土地特征中变量土地地形、迁出地是否有农地与农户农地转出行为呈负相关，农地为山地地形、迁出地有农地的农户农地转出概率低于农地为平原地形、迁出地没有农地的农户；交易因素中变量是否关心流转期限对农户农地转出行为起正向显著影响，随着农户对农地流转期限关心程度的加深，农户农地转出概率呈升高趋势。

基于上述研究结论，得出以下政策启示：第一，通过多种形式，加大农村土地政策和相关制度的宣传力度，提高生态移民对农地政策、制度的认知程度，强化生态移民对农村土地产权意识和农地权益保障意识，推动农地确权颁证，促进农地流转市场合理、规范交易。第二，土地承担着生态移民生计的最终保障，需不断加强土地流转的社会保障措施，弱化土地社保功能，消除移民农户土地流转后顾之忧。第三，不断深化完善移民农地制度，加强移民农地管理，对移民农户户籍、迁入地与迁出地农地情况进行调查核实、登记,对已获得迁入地承包地的农户,应将迁出地农地收归村集体所有。第四,加大移民劳动力就业转移扶持力度,引导、帮助移民创业或进城务工,并将进城移民纳入城市社会保障体系之中同等对待。

第六章　生态移民农地确权流转面临的问题、原因及影响

一直以来,在一定程度上的土地规模经营都被认为是现代农业发展的关键,也是解决小农小规模经营、土地细碎化、农业劳动力流失等问题的关键。然而,在西部生态移民聚居区,由于易地搬迁及相关土地政策的调整,移民家庭的农地资源产权关系发生改变,其家庭在农地资源的经营管理中也面临新的问题与困难,这些在农地经营管理中的问题和困难无疑将对当地培育新型农业经营主体产生较大影响,甚至因此影响农业产业化发展质量。

第一节　农地确权及流转中的主要问题

经调研发现,生态移民聚居区在农地确权、流转过程中,面临农地资源配置失衡、农地产权不清晰、确权流转滞后、农地经营管理机制不健全以及历史遗留等诸多问题。

一、农地资源配置不均衡

总体来说,不同类型生态移民在新住地获得的农地资源配置是有较大差距的。首先,不同类型生态移民配置的土地资源数量有明显差异。根据课题

组在云南省普洱市开展的问卷调查结果显示,311 个有效样本中,共有 204 户农户有耕地,户均耕地面积达 8 亩之多。但是仔细分析这些数据,发现 36 户非政策性移民中只有 13 户有耕地资源,总面积为 106 亩,户均耕地只有 2.9亩,73.9%的非政策性移民是没有耕地资源的;249 户政府组织的易地搬迁户中 69.1%(172 户)的农户家庭取得了耕地资源,总面积有 2087.4 亩,户均占有 8.4 亩,但仍有 30.9%的农户家庭没有取得耕地资源;18 户后靠安置移民中 83.3%的农户家庭取得了耕地资源,且户均占有面积高达 13.1 亩。①

其次,移民在迁入地的农地资源质量有不同程度的降低。调查发现,移民聚居区的农地资源主要以旱地、果园和林地为主,没有水田。以后靠安置移民为例,其实大多数移民家庭在搬迁前是有水田的。在后靠安置搬迁的移民村中,大多数农户并没有搬离原户籍所在村委会。对整个村委会而言,搬迁没有带来人口数量的变化,却大大减少了整体的农地资源。这时,作为移民的搬迁户尽管户籍身份来说没有变化,但其能参与分配的村集体总资源量减少了,他们多半不能从同村其他农户手中分到土地,而是从过去集体没有分到个人或家庭的资源中再行分配。这意味着从总量上来说,移民不可能再获得跟过去相同数量的农地资源,就比没有搬迁的村民们所能拥有的资源少了一大截,而且农地资源质量也不如已分到户的那些土地,他们失去了水田,重新得到的大多是坡耕地、旱地,甚至是生地。

第三,移民农地资源配置不均加大了部分移民的生存压力。一方面,农地资源占有量的减少直接削弱了移民家庭的经济发展基础,也加大了移民保持基本生产社会需要的难度。另一方面,由于农地资源配置在数量、质量上的变化引起的种植结构的变化,对移民来说才是更大的挑战。在一些村庄,由于水田面积的减少,直接导致移民种植结构调整和转变。搬迁前,他们主要种植水

---

① 这里需要特别指出的是,由于课题中问卷调查主要采用的是云南省普洱市的调查数据,有别于传统坝区种植粮经作物的耕地,当地农户在填写耕地面积时主要是将用于种植茶叶的台地都计为耕地,所以户均面积看上去都比较大。

稻,而搬迁后则要根据新的农地资源条件调整产业结构。抛开经济收益来看,其家庭在农业生产管理技术和生产成本控制、市场等方面的风险都大幅增加,给移民家庭带来明显的生产投资压力。尤其在云南省的一些亚热带地区,很多移民家庭由于丧失水田和大量橡胶地,搬迁后陷入收入骤降和无法适应新的生产生活方式的局面。

此外,大多数移民聚居区人地矛盾的问题也会随着人口的增加和经济的快速发展而日益凸显。以宁夏回族自治区永宁县闽宁镇为例,闽宁镇的6个村委会都是移民村,当地本是一片荒滩,最早的移民是1990年左右搬迁来,最初农户之间的农地面积相差不大,后来政府不断组织南部山区的贫困农户搬迁到这里,形成了现在的闽宁镇,因最初地多人少,移民较早的农户除了政府配置的旱地外,还自己开荒种地扩大了耕地面积,近几年新搬迁来的移民因周边适宜耕种的土地已经基本被开垦完了,除了政府配置的土地,只能购买早期移民的土地,所以在同一个村里的搬迁农户拥有的农地面积的差距也在扩大,有些家庭间农地资源的面积差异甚至会达10倍以上。

二、农地资源产权不明晰

明晰的产权安排不仅有利于促进农地资源的可持续经营,也有利于加快土地向新型农业经营主体集中,实现规模化经营,为此在新一轮的土地产权制度改革中,农地确权是推进改革的基础。但在生态移民聚居区,往往存在农地资源产权混乱的情况。

课题组的问卷调查结果显示,在普洱市311户样本户中204户有耕地资源的移民家庭中,只有128户家庭持有相关合法经营权证,有证的耕地面积为1226亩,占总耕地面积的49.2%。也就是说,仅在普洱市进行调研的311个有效样本农户家庭中,就有34.4%的移民家庭是没有农地资源的,而在有农地资源的移民家庭中,又有37.3%的家庭所经营的占总面积50.8%的农地是没有取得相应土地产权证的。林地资源的权属关系同样如此,259户有林地资源(占有效样本的83.3%)的移民家庭中,仅23.9%(62户)的家庭有林权证。

对问卷作进一步分析发现,在有农地资源的13户非政策性移民家庭中,其经营的面积只占所有移民经营农地面积的4.3%,这些农地资源除了一户在1997年搬迁到现住地并取得当地户籍的家庭外,其余移民家庭对其当前在经营的农地资源都没有相应的产权证明文书。实地调研中我们也发现,以普洱市为例,部分非政策性移民聚居区是由于过去政府组织实施跨州市移民开发形成的,这些移民本身并不在政府组织范围内,搬迁初始生产生活用地就没有着落。他们借投亲靠友或自己开荒等各种方式在当地生活下来,其生产用地乃至宅基地要么从其他有组织搬迁移民手中购置,要么从迁入地原住民手中购置,要么自己开垦所得,不仅其权属关系十分混乱,也更谈不上相应的法律文书证明。

18户后靠安置移民由于大多数情况下其所归属的村集体没有发生变化,其中15户都有可经营的农地资源,尽管其经营的农地资源只占样本农户经营总面积的9.5%,但86.7%的有地农户都顺利取得了相应的合法产权证。在调查中我们也发现,对于后靠安置型的移民来说,在移民家庭没有发生户籍变更的情况下,一般新配置的农地资源都会由村集体作为发包方将尚未分配过的集体土地,通过正常的法律途径分配给移民家庭,移民家庭也能够依法取得土地的承包经营权。但是,当后靠安置或者异地安置、"插花"安置发生户籍变更的情况下,移民通常会以两种方式进入安置地社区,一种是合法取得安置地集体经济组织成员权资格,同时取得相应的土地承包经营权和经营权;另一种是尚未取得安置地集体经济组织成员权资格,但通过政府协调或市场手段取得安置地的土地经营权。在前一种情况下,调查发现,有些地方存在这样一种情况,即尽管移民在安置地已经取得了集体经济组织成员权资格,也取得了对自家经营土地的长期承包经营权,但作为移民,不得参与安置地集体公共资源经营收益的分成,实际上他们的集体经济组织成员权资格处于虚拟状态。

而在后一种情况下,移民所取得的土地经营权通常是在政府协调下,通过市场手段流转到手的有期限的农地资源经营权。由于他们没有正式取得安置地村集体经济组织的成员权资格,其所取得的农地资源经营权从法律意义上来说是很有限的,他们既不可参与分享安置地集体农地资源经营的收益,也对自家经营土地在流转到期后是否能够继续经营拥有缺乏决定权。

而在易地搬迁为主的移民聚居区,有 69.1% 的移民家庭都有地可种(172户),但只有其中的 65.1% 的移民家庭(112 户)种植的土地目前有合法的产权文书,且这些移民家庭中还有 11.6% 是通过向其他搬迁移民转包获取的土地和相应的产权文书。而早在 2018 年 7 月普洱市思茅区就已经下文对辖区内过去因政府组织跨州市移民搬迁安置历史遗留问题进行解决,要求在 2019年年底完成移民生产生活资料的配置工作,彻底解决跨州市政策性移民的产业地、饲料地和林业用地以及宅基地配置遗留问题,确保移民能有一个良好的发展空间。

调查中我们还发现两种较为特殊的移民使用农地情况:一种是在工程性移民的安置中,有些移民家庭所配置的农地资源是从国有土地中划拨的,但划拨后并没有从产权上将土地所有权转到集体手中,使移民经营使用的土地的所有权仍然是国有的。这样一来,移民所获得的土地产权,跟安置地原住民的土地产权,在性质上都有本质差别,能否和是否确权成为焦点。另一种是非政策性移民或易地搬迁移民中因资源短缺,移民存在不同程度经营管理国有林的情况,这些产权本质上属于国有,但实际经营管理权掌握在移民手中,尽管不是本轮土地确权的主题和重点,但仍是未来不可回避的土地产权问题。

三、农地流转相对滞后

调查数据显示,普洱市 311 个有效样本中有 14.9%(45 户)的移民家庭有过土地流转的情况。其中 66.7%(30 户)的家庭是流转土地,共流入 355.5亩,户均流入 11.9 亩;24.4%(11 户)的家庭是流出土地,共流出 28 亩,户均流出 2.5 亩;8.9%(4 户)的家庭既有流入也有流出土地,户均流入 3.3 亩、流出 7 亩。根据 2018 年普洱市农业部门提供的统计数据,当年承包耕地流转面积占总耕地面积比例的 14%,流转面积中的 57%都流向新型农业经营主体。而在我们的问卷调查中,由于没有按照土地属性单独调查移民聚集区农地流转问题,因此所得到的农地流转面积实际上包括了耕地流转面积和林地流转面积两种,以此为基础统计,移民家庭土地流转总面积 424.9 亩,仅占总经营土地面积 5971.1 亩的 7.1%。即使假设这些流转的土地中都是耕地,则流转耕地面积占总耕地面积 2495.5 亩中的 17.0%,表面看起来比普洱市土地流转面积占比高出了近 3 个百分点,但是结合实地调研我们发现这些土地的流转完全没有流向新型农业经营主体实现规模经营,主要还是流入移民家庭以满足家庭自身经营的需求。而且移民区的农地流转大量存在只有口头协议、没有书面协议且缺乏相关流转合作或协议的现象,不仅为农地确权工作带来困难,也使农地流转缺乏规范合同保障,为今后产生纠纷带来很多隐患。也正因如此,有过土地流转经历的 45 户移民中,影响他们作出流转决策的原因中,首要的还是流转的合法性,占比为 35.6%;其次是流转的期限,占比为 22.2%;再次是成本,占比为 15.6%;最后是经营管理的问题,占比为 11.1%,其他原因占比为 15.5%。

但是在宁夏回族自治区的调研中我们也发现,由于当地移民模式的特殊性,移民聚居区的大部分移民都有土地,因此他们的土地流转现象就比较普遍,很多村都在尝试"公司+合作社+基地+农户"的现代农业发展模式,不仅极大地提高了农户的单位农地经营收入水平,同时增加了非农就业机会,大大减少了移民聚居区的人地矛盾。

四、农地产权及经营管理混乱

实地访谈中我们也发现,在工程性后置安置移民和非政策性移民中,一些家庭依然在经营使用其迁出地的部分土地资源。尽管这种自发的土地经营管理在一定程度上缓解了移民在安置地土地资源短缺的压力,但对迁出地的土地资源利用规划和统一有效管理来说,却是一个极大的隐患。尤其是在非政策性移民中,他们虽然人搬走了,但是户头还在原籍,土地还在原住地,有些土地送给亲戚朋友耕种,有些移民活动半径小的甚至还会自己回去种收一些懒庄稼,把原来老家那些地力条件比现住地更差的、有限的土地作为家庭养殖的饲料地。

部分生态移民农户农地权属不清,移民土地配置不到位。原计划配置给移民农户的薪炭林地大部分是国有林,从当前林业政策来看缺乏操作依据,所以部分移民农户薪炭林地、饲料地一直没有落实,导致移民抢占土地、乱砍滥伐国有林私自开发土地、非法侵占本地村民山林现象比较普遍,造成部分农户有证无地(早期颁发的土地证书)、有地无户、多占土地的局面。为解决产业地、饲料地、林业地按人员及土地基数均衡分配问题,部分乡镇对村组召开了村民大会,实行多退少补的方式,由政府统一收回后重新承包给每户搬迁移民,但仍有部分农户拒绝退还多占部分的农地,不愿配合开展相关工作。采取"公司+基地+农户"易地扶贫模式的移民农户的住宅大多建造在企业租赁的集体土地及国有林地上,因使用权人与所有权人不为同一主体,致使无法对此部分住房进行确权颁证。农地作为移民主要的生产资源之一,对移民而言拥有土地才能安居乐业,如果移民土地长期得不到落实,势必导致移民回迁或产生新的自发移民,不仅浪费了国家及地方对生态移民的前期投入资源,而且不受管控的回迁及自发移民,将会增加社会的不安定因素,严重影响生态移民聚居区社会、政治及经济建设。

五、农地制度改革与管理"缺位"

生态移民聚居区农地制度改革与管理"缺位"现象十分突出。由于农村综合配套改革不完善,一些地区仍存在农地产权主体虚置、产权残缺、承包权不稳定、经营主体分散、管理主体重叠不清、流转机制不规范等问题。受困于农地制度改革滞后的生态移民安置区,存在土地重新调整所引发的置换补偿标准及原住民、移民之间的土地调配利益平衡等问题。迁入地原有的土地使用权利益平衡因土地重新调整、置换而被打破,原住民利益受损且无法得到保障。① 根据普洱市及思茅区、江城县的实地调查和相关利益群体的访谈调研,跨州市政策性移民、非政策性移民、企业移民交织在一起,致使移民土地确权颁证工作推进进度缓慢,部分乡镇移民聚居区的农地确权已完成两轮公示,但还未作第二轮确权颁证。非政策性移民聚居区农地管理缺位,多以新开发的"生地"为主,私开地权属不清且与相关政策脱节。受困于农地制度改革滞后,非政策性移民与原住民之间、与政策性搬迁移民之间的土地调配利益失衡。非政策性移民大多数自开地不是"依法"开垦的,也不能完全说是非法的,而是管理不到位的问题。非政策性移民诉求是希望对自己长期耕种的土地享有继续耕种的权利,通过确权颁证获得流转等权利。非政策性移民长期陷入的农村集体成员资格"虚化"、农地权属不清、农地要素投入不足、确权困难与流转权益保障"尴尬"等难题和困境,症结在于户籍制度的制约和土地政策的模糊,由此衍生出社会矛盾和冲突。自开地被确权登记后,对自开地行为将起到"正向"激励;因操作的复杂性和相应的制度成本对当地政府形成了"反向"激励,当地政府采取简单化处理而搁置不予以登记确权颁证,管理上"缺位"现象更加凸显。

六、农地确权面临的历史遗留问题

为培育发展地方特色产业,解决"一方水土养活不了一方人"的困境,早期政府采取了"公司+基地+农户"的跨地州移民易地扶贫扶贫模式。该模式一定程度上提升了农业产业集约化、规模化、专业化水平,并将易地扶贫搬迁移民安置到政府扶持的农业企业管理农业基地,搬迁移民负责按量按质完成基地种植、采收并上交公司,公司负责生产投资、过程管控、销售,同时根据农

---

① 张体伟:《生态移民聚居区农地制度改革难点及路径选择》,《云南社会科学》2016年第6期。

户上交农产品数量、等级按协议规定价结算移民管理工资。这种扶贫模式起初成效显著,但随着经济的发展,这种模式已不能很好地激发农户种植的积极性,再加上公司管理滞后、市场冲击,致使公司经营不善,逐年亏损,乃至破产,而无法支付移民农户基地管理工资。当前搬迁移民管理的基地面临租金拖欠及租期到期后无法续租的问题,已影响移民生产生活,并引发了土地纠纷。生态移民聚居区农地遗留问题已成为该地区农地制度改革的主要障碍。由于生态移民聚居区历史遗留的农村土地权属问题,在当前推进的农村土地确权和农村土地制度改革过程中持续发酵并开始显现出来,已成为影响生态移民安置和农村社会稳定的重要因素。

20世纪90年代初及中后期开展的易地扶贫搬迁移民,面临着农地承包经营权到期的现实问题。以云南省普洱市为例,过去的易地扶贫搬迁采取的是"公司+基地+农户"的管理方式,接受怒江州泸水县、福贡县以及昭通市鲁甸县、巧家县、永善县、大关县2个州(市)6个县跨州(市)的易地扶贫搬迁,由公司负责项目投资、技术服务、产品价格和销售,搬迁农户负责投工投劳、基地管理,公司根据易地扶贫搬迁安置户的生产情况支付管理费和采收费。此方式在初期收到了较好效果,解决了移民劳动力过剩的问题,大大促进了移民增收。随着经济社会发展,矛盾逐渐显现,移民负责种植的茶地、咖啡地等产业用地权属属于公司,而公司过去采用租用当地村集体土地的方式进行开发种植,期间因管理运作不善公司破产,公司无力支付原住居民之间的土地租金,租期到期后难以续租。这些问题被转嫁到耕种承租地的易地扶贫搬迁生态移民身上,而原土地所有者又得不到相应补偿,进而激化了移民农户与原住居民之间的利益冲突。依靠公司产业用地搬迁而来的移民没有合法的土地使用权利,加大了易地搬迁生态移民在搬得出后如何稳得住的压力。而在国家农业优惠政策的大力推行实施及农地产权长久不变的背景下,原住居民土地调出越来越难,使生态移民在迁入地农地确权面临权属不清,缺乏基本的农地生产资料保障,生态移民可持续发展又再次陷入危机。由于这些遗留问题得不到及时有效解决,不断引发新移民与当村村民的农地权属纠纷。生态移民发展面临承包经营中政府职能"缺位"与龙头企业社会责任"缺失"的双重问题。农地承包经营权流转中如何保障生态移民权益等问题逐渐暴露且日益凸显,这些问题极大地增加了生态移民的生产、生活风险,也对安置区的农村和谐稳定发展带来较大影响,迫切需要拿出具体举措加以解决。[1]

七、非政策性移民农地确权"盲区"

作为跨省、跨州市甚至跨县区的非政策性移民,长期无序自发迁入,其发展引起各级党委政府的重视。居住在 25 年以上的非政策性移民中,按移入地分,跨境婚姻人口及难民约占非政策性移民总人数的 1.4%;跨省移入约占 18.6%;跨州市移入约占 4.0%;跨县移入约占 76%。因处于户籍地和居住地人口服务和管理的薄弱环节,部分非政策性移民农户在原户籍地有宅基地、林地、耕地等生产资料。由于常往返于原户籍地和现迁入地之间,其流动性征突出,落户困难且增加了迁入地的属地化管理难度。

第二节　确权流转问题产生的主要原因

针对上述存在的问题,本书从农地资源配置、移民户籍制度和农地制度"双重"制约及其更深层次原因进行了剖析。

一、土地配置缺乏规划性和前瞻性

随着国家相关法律法规的不断完善,无论是工程性移民的土地征收和后续安置还是易地搬迁等工作都更加科学、合理,相关补偿标准也在逐步完善和提高。但是,不同时期、不同地区和不同类型的移民在安置地所获得的土地资

---

[1]　张体伟:《生态移民聚居区农地制度改革难点及路径选择》,《云南社会科学》2016 年第 6 期。

源,由于各种历史原因在产权关系上并没有获得清晰而有保障的厘清。以工程性移民中的异地安置和插花安置为例,往往正是由于迁出地和安置地地方政府在协调土地安置时没能在前期准备工作就迁出地土地征收标准、安置地土地征收/流转标准和具体实施方案等问题顺利达成一致,才导致移民在安置地所配置到的土地,除了经营权相对清晰稳定外,所有权和承包权都不够确定。而这种产权上的不确定性,在农地经营效益低的情况下似乎影响不大,但一旦农地经营效益增加,移民的生产经营风险就随之增加了。而从长期来看,也必将是一个潜在的危险,不仅难以消除移民的产权顾虑,也不利于移民与原住民构建和谐的社会关系。

二、生态移民受农村户籍制度制约

跨州市易地移民分户情况多而复杂(含子女分户、兄妹分户、离婚分户等情况),因技术落后,户籍管理档案系统升级换代,农转城户籍信息更新,导致部分档案资料缺失,使政策性移民人口界定难度大,耗时长。而在移民人口摸底、信息核查过程中,移民群众配合度低,不愿提供家庭人口真实信息,隐瞒、乱报人员情况,致使工作推进难度大。在移民搬迁过程中,实际迁入移民与政策安置移民人员不一致,具体表现在:政策性移民本人未迁入,由政策性移民家属或亲戚代替搬入迁入地,因无政策参考依据,无法落实这部分人员的土地、住房、医疗、就学等惠民惠农方面的政策。有部分人员,可能由于早期超生计划等原因在迁入地及迁出地均没有户籍,仍处于户籍管理盲区,由于户籍制度制约,在迁入地落户困难,影响这部分群体不能同原住民一样充分享有惠农扶持政策。还有部分移民没有及时办理户籍转移,虽人在迁入地,但户籍仍留在迁出地。这些问题长期得不到有效解决,将严重影响移民迁入安置区和谐稳定发展。

三、农地确权流转受土地制度制约

农地政策不完善,导致相关利益主体冲突加剧。由于土地配置不到位,部分政策性移民早期私自开垦了大量的荒山、荒地,甚至是林地,再加上自发搬迁非政策性移民的乱开乱垦,使当地的生态环境受到了很大的破坏。当前地方政府已对移民自开林地加大监管力度,严惩自开林地行为,杜绝了乱开乱垦的现象,同时通过给移民农户进行苗木补偿,强制要求自开林地退耕还林。但还有大部分自开的荒山、荒地,经过移民长时间的经营投入,已由生地变成熟地,针对这部分土地,政府既不能强行收回,也不能忽略不管。如何有效管理是一个难题,如果对当前所有的自开地都给予确权颁证,对于没有自开地或自开地较少的农户有失公平,同时会造成移民不顾法律再次私开土地的"反向"激励。如果都不确权,会带来移民抵触情绪,将阻碍农地确权开展,也不利于土地开发经营及农地确权统一管理。此外,在移民搬迁过程中,政府更多考虑的是移民的安置优惠政策,而忽略了安置区原住居民的利益诉求。由于移民的迁入,安置区原住居民原有的秩序被打乱,原有的部分森林、土地、公共设施等资源将被争夺占有,所以大多数地区原住居民对待迁入移民意见较大,将迁入移民视为外来户。在移民土地安置过程中,调整部分原住居民土地进行安置移民,土地作为农户的主要生产资料,且承包经营权长久不变,原住民自然是不愿意将土地进行转让的。土地承包经营权作为一种物权,根据物权法规定,其他任何人都不得侵害权利人所享有的物权权利义务,但在土地调整执行过程中,由于诸多原因,原住居民的意愿诉求并不能得到充分的表达,这使原住居民将所有的不满都归结于移民身上。而处于"边缘人"的移民一方,由于大多优质土地在第一轮农地确权时已承包给了原住居民,所以移民安置土地配置主要以偏远的、配套设施较差的区域以及向原住居民置换的二、三级土地为主,相比原住居民,这又使移民产生潜在的心理落差,进一步减弱移民农户种植的积极性。在调查过程中,大部分移民表示希望得到与原住居民的同等待遇。

农地流转法律法规不健全,催生农地私下交易。由于农地流转法律法规不健全,在自发移民的驱动下,部分劳动力较弱或长期外出务工的政策性移民、原住居民会将土地、宅基地私自倒卖（私下永久转让承包经营权）给自发移民，使原本权属不清的农地权属更加混乱，迫使土地矛盾愈演愈烈。由于自发移民属非政策性移民，是投亲靠友、跟随乡邻自发搬迁流动的，所以处于"无人管、无法管"的状态。自发移民购买土地后，私自占用耕地、乱搭乱建住房，这给后续农地确权、土地利用带来了很多困难。对于这些私下交易的土地及违规搭建的住房，政府既不能强行收回或拆除，也不能随意进行确权，因为如果政府强制执行，必定会引起社区和谐稳定和移民群体冲突，反而不利于推进农地确权，但如果首开先河，给予确权，必然会导致大量的自发移民涌入，对现有土地资源利用、生态环境保护、政府管理会带来巨大的压力和隐患。由于土地流转相关法律不完善，在生态移民聚居区"买地""卖地"现象比较突出，有的土地甚至出现了好几轮转卖，长期如此，土地交易的履约成本将大幅上升，影响合同的有效执行，所以加强生态移民聚居区农地交易法制管理刻不容缓。

移民农地安置缺乏顶层设计，执行效能低。在移民安置过程中，部分政策难以实施，需要省级相关部门配合协调。例如，普洱市原计划配置给生态移民的薪炭林地，其权属基本为国有林，因缺乏制度安排和顶层设计，在国有林权属转移问题上，相关政策操作不能清晰界定主管部门，造成生态移民农地安置协调成本较高，执行效能低，导致政府公信力缺失，移民对政府不信任、对政策不支持甚至出现返迁、回迁等现象。生态移民土地安置是一项系统而复杂的工程，需要顶层设计，需要农业农村、林草、自然资源、扶贫、财政等相关部门提前统一规划安排，并由上到下逐层协调推进。

中国特殊的土地制度，决定了只有具有农村集体成员资格才能享有相应的农村土地资源的相关权利。理论上来说，取得农村集体成员资格就能参与其所属村集体土地资源及其收益的分配，但在我国现实的情况是农村集体成员资格的取得十分困难，且农村集体成员资格的取得只是参与其所在村集体资源及收益分配的必要条件，但村集体在分配集体资源及其收益时却不一定会兼顾所有集体成员。从取得集体成员资格来说，对于政府组织的移民，成员资格权取得相对较容易,但对非政策性移民来说,这却是个几乎不可能完成的任务,因为其间涉及的不仅仅有公安的户籍管理,更有户籍后面的教育、卫生、医疗、社保、民政等多部门的协作,单凭移民家庭本身来说,相关手续办理的时间、精力、经济和行政等交易成本都是不可估量的。从参与迁入地集体资源及收益分配来说,1998年颁布的《中华人民共和国村民委员会组织法》和2002年颁布的《中华人民共和国农村土地承包法》,从制度上固化了土地与村集体初始成员的关系,基于此,后期合法取得集体成员资格的农户,尽管从法律上来说具有参与分配的资格,但在某种程度上来说是不可能参与分配村集体原始资源及其收益的。这也是为什么当前政府组织的易地搬迁移民所拥有的合法土地资源,仅仅是搬迁时政府通过征用迁入地土地,按搬迁农户户籍人口配发的基本口粮地、菜地和按当时户籍的宅基地的主要原因。换句话说,这是当前的移民政策中尚未解决的一个根本性的问题,即在制度设计上没有明确集体经济组织成员资格对集体所有土地完整权利获得的影响。也就是说,没有明确除了自家经营的土地,对集体经营土地,成员资格的受益权限是什么。对于已经获得安置地集体经济组织成员资格的移民来说,他们中幸运的一部分能够获得与其他原住民一样对自家承包地和集体土地的同等权利,但对更多的移民来说,即使获得了安置地的集体经济组织成员资格,也不一定能获得对集体土地资源的相关权利。而对于没有获得集体经济组织成员资格的移民来说,既便在安置地移民是通过土地流转的方式获得了土地的经营权,那么二轮承包到期后就有可能不再获得土地,尤其对土地经营收益高的地方来说,这种风险更大。比如说,在云南省思茅区的整碗村,如果茶叶价格回暖攀升,那么不排除承包合同期满后原住民不再将土地租给移民的情况。作为移民,尽管在"三权分置"后获得土地经营权的机会大大增加,但同时丧失土地的概率也是显著提高了。

另外,按照产权理论,只有明晰的产权才能给人们带来稳定的预期,并调动人们生产要素投入的积极性,从而提高资源配置的效率。现行农地制度及其相关政策一直着力完善,还希望通过"三权分置"的设置保护农户的农地承包权和收益权,但其在产权关系上的一些缺陷还是对移民的土地经营带来了挑战。首先,对农地所有权与承包权保护哪些具体权利没有清楚的界定,对所有权主体和承包权主体的权利与义务责任未作出具体的规定。其次,农民的土地承包权不完整。依据《土地承包法》和《流转管理办法》,生态移民聚居区农地承包方可以自主决定土地承包经营权的流转及其方式,但是在这两个法案中仍规定发包方需首先同意农村土地承包经营权流转,然后土地承包方可以将土地进行流转。在实践中,具体体现为农村集体经济组织对农民的土地承包经营权流转的认可,成为农民进行土地流转的先决条件,农村村集体对土地承包经营权仍有相当大的控制力,这就导致农民本身在土地流转过程中难以独立行使支配权。最后,农地承包权期限不稳定性仍然明显。尽管我国的土地使用期限在相关土地法律法规中都有明确规定,但我国土地期限在不断延长,仍表现出土地承包期限不稳定性和可变性的内在特征,影响了移民获得农地经营权的合理预期。而在现实中,表现为当地农户与移民之间无序的流转行为,及五花八门的流转期限,如少数移民获得的经营权期限达到了100年。

四、农村社保体系的保障功能有限

社会保障体系的完善对农村土地的确权、流转和经营管理事实上起着非常重要的基础保障作用。当前,由于农村社会保障体系的不完善,保障功能有限,土地的生存功能和保障功能仍然较强,导致移民的生产生活对土地的依赖性较高,进而对农地资源的需求较高,不仅加剧了人地矛盾,而且制约了土地的有效流转。这也是调研点中人地矛盾日益尖锐、搬迁农户生活水平普遍较低的主要原因。

首先,农村社会保险体系的保障作用有限。以云南省为例,尽管农村社会养老保险制度的覆盖面已经达到了应保人数的98%,但由于补助标准低,农户养老保险收入普遍偏低,保障水平有限。其次,现行社会救助体系难以达到良好的救助效果。一方面是社会救助还未真正实现综合救助,救助范围有限,与需求存在较大差距。另一方面是救助标准低,难以保障救助对象的基本生存和发展需要。

五、移民农地配置及确权投入不足

无论是哪种移民安置,其本质都是在安置地有限的资源和环境容量下,为更多的人口配置土地资源。从这个意义上来说,安置区的移民可以得到的土地资源总量减少是必然的。但是,为了弥补这种资源总量上的缺陷,在资源利用方式的多元化、高效化上的努力尚不充分。在安置区,用于安置的土地因为是过去未利用的集体土地,所以普遍存在耕地质量差、生产力水平低的情况,且大部分耕地的农田水利设施建设滞后,田间道路、沟渠等不配套、不规范、标准低,不利于发展现代农业。移民安置后,在农田基础设施上的投入不足,甚至拉低了移民分到的有限农地资源的生产力水平。农地资源的减少,使大多数移民家庭只能保证口粮生产,但没有办法保证经营性生产,这不仅减少了家庭经济收入来源,还大大增加了家庭生产生活成本开支。以云南省思茅区的整碗村为例,由于耕地面积减少,移民家庭没有多余的土地种植玉米,于是不得不减少家庭的牲畜养殖数量,养殖收入上有所减少,一些家庭甚至因为需要购买猪肉而增加了额外的生活成本。

跨地州政策性移民农地配置投入严重不足,主要有以下五方面的原因:一是因政策性移民人口认定程序复杂及农地权属不清,使移民安置、补偿资金无法及时拨付到位,使部分资金滞留。二是配置给移民农户的部分土地权属为当地村集体原住居民,需要按照实际面积给予当地村民一定土地补偿资金进行置换,根据上级文件精神,移民生产农地配置缺口资金不足部分,需由州(市)、县(区)及农户按比例共同承担。由于地方政府财政资金自给率低,财力薄弱,且大多数移民来自贫困地区,所以资金筹措难度比较大。三是随着经济的不断发展及农业税取消,并增加农业补贴,本地农户土地出让补偿要价越来越高,置换难度越来越大,但政府又亟须落实政策性移民产业地。四是采取的"公司+基地+农户"的跨地州移民易地扶贫模式的企业破产后,无力支付本地群众土地租金,为推进后续工作,需政府补足支付。五是农地确权需要大量的财力、人力和物力,开展农户政策宣传、核对移民人口信息、勘察测绘土地面积、确权信息数据处理、图纸绘制、资料归档等工作。对财力十分薄弱的县(市、区)来说,不但要筹集土地置换资金,还要垫付企业破产后农户土地租金及农地确权费用,财政压力不言而喻。

六、利益群体对农地制度改革诉求不一

一方面,不同利益相关群体对土地制度改革的诉求不一样,而这些不同的诉求尚未实现统一。对移民聚居区的农户来说,从心理上他们已经丧失了迁出地的土地资源,成了失地农民,尽管在新迁入的地方,他们获得了一定的土地资源,有些甚至获得了经济补偿,但是这些补偿往往无法满足他们中未来一代甚至几代人对土地的诉求。他们希望无偿或低价获得尽量多的土地承包权或者经营权。但这显然是原住民并不想让渡的权利,因为大多数时候,政府主导下的、因移民安置需要而发生的土地流转,并没有实现完全的市场化,反而常常是低于市场标准。为此,在新一轮的农地制度改革中,从流转方向和意愿来看,原住民更愿意将土地流转给更有实力的外来资本,而不是移民,哪怕他们法律上已经是同一个村集体的成员。

另一方面,不同群体对新一轮农地制度改革的诉求,由移民聚居区的地理位置、农业生产条件和生产效率等综合因素共同决定。在交通条件便利、土地资源生产条件好、农业产业化程度高、农业生产效率高的区域,由于土地更容易实现规模效益,村民对土地流转的期望值更高,农地产权制度改革对农业经营的影响越大,农民参与改革的积极性就越高。反之,农业生产条件差、交通条件不便、土地市场化程度低的区域,当土地的流转和规模经营并不能带来可观收益时,农地产权制度对农业经营的影响就小,农民参与改革的积极性自然就不高了。与此相应的后果是,本就掌握较少资源的移民在此过程中可能获

取的资源更加有限。

七、农地流转滞后有其深层次原因

在当前生态移民过度依赖农地及土地经营老龄化的背景下,农地细碎化、分散化经营问题比较严重。调研发现,西部生态移民聚居区农地流转滞后的主要原因在于:一是政策供体不健全。由于政策供体"缺位",管理"真空"且未在"源头"上解决生态移民的农地权属问题,未及时开展确权颁证工作,影响了生态移民农地经营行为和确权流转行为。二是基础设施等载体不完善。生态移民聚居区的农业基础设施"短板"突出,农地要素市场建设滞后,生态移民聚居区的农业生产不能适度规模化经营,产业发展滞后及新型农业经营主体培育不到位是制约农地流转的重要市场化载体因素。三是生态移民主体不发育。首先,接受问卷调查的生态移民有14.0%未接受过教育,47.2%的移民仅为小学教育程度,文盲半文盲比例高于深度贫困地区;其次,经济主体地位不突出,贫困面大且财政支农投入不足;最后,自发搬迁的非政策性移民主体作为生态移民聚居区"边缘群体",很多未统筹地纳入当地管理中,确权"真空"现象突出,主体地位受到了漠视,属于"迁出地管不着,迁入地不想管不愿管"的群体。另外,生态移民对农地相关政策、确权流转制度缺乏了解,进一步制约了农地确权流转行为。可见,西部生态移民聚居区农地确权流转及新型农业经营主体培育面临诸多困难和挑战,其制约因素是多重的。"主体不发育—供体不平等—载体不完善"所构成的一个低质状态的"三位一体"区域社会经济运行体系,制约了生态移民农地确权流转。根本性原因在于生态移民农地确权流转的主体地位缺失;深层次原因在于各种制度壁垒;关键性因素在于农地确权政策顶层设计及特殊性、差异性政策考虑不足,突出表现为基础设施、产业化及市场化等载体不完善。①

---

① 廖桂莲、张丽华、张体伟:《生态移民农地确权与流转行为的影响因素分析》,《云南社会科学》2020年第5期。

八、相关主体农地权属意识不到位

一方面，移民农户土地权属意识不强。大多数生态移民是从深度贫困地区搬迁过来的，他们受教育少，整体文化素质偏低，对农地确权效益认识不高，认为农地确权的意义不大，也不太关注农地相关政策。他们更多关注的是与个人利益直接挂钩的移民安置补偿、农业补贴、当前耕种的土地面积及土地经营收成，所以对参与农地确权的积极性并不高，虽然他们出于对政府的信任在农地确权过程中会配合工作开展，但仍对农地确权存在疑惑，一旦确权过程中发生冲突纠纷，就会对农地确权产生质疑。还有的移民农户并不清楚什么是农地确权及农地确权对个人、集体、国家的意义，对农地确权存在理解偏差和误解，在他们看来，农地确权只是政府核实土地信息的一种手段，特别是多占土地的移民农户，缺乏集体意识，认为农地确权是有损个人利益的，所以比较抵触农地确权。部分地区由于农地确权影响大部分群众利益，甚至出现了移民群体直接抵触农地确权的情况，进一步挫伤了地方政府和基层组织推动农地确权的积极性。同时农地确权测量过程也不是很顺利，由于群众思想观念落后等原因，技术人员在进行农地测量过程中，群众对测量中的新技术（"3S"技术）、新方法并不认可，要求技术人员使用传统测量方式再次测量确认，方同意签字，所以使农地确权不能快速推进。在调查过程中还发现，移民农户权属意识的匮乏，还与移民安置区地势偏僻、交通不便、农业基础配套设施落后等因素致使农地流转率、农地流转价格较低等原因有关。所以部分移民农户认为农地确权并不会增加农地的潜在价值，也不看好农地确权，参与确权不足。

另一方面，部分基层干部思想认识不足。部分基层干部由于思维传统固化，担心农地确权引发矛盾等原因，对移民农地确权工作开展积极性不高，存在应付、流于形式的情况，很多重要工作没有按照文件规定一一落实，比如对相关确权政策、方案简单传达，没有渗透解释到位；对农地确权纠纷处理带有主观判断,没有充分保障移民农户土地合法权;由于短时间没有联系到相关当事人,对必要的确权流程进行简化,事后引起很多冲突纠纷。部分基层干部认为农地确权耗时、耗力、耗财,却收效甚微,所以对农地确权过程中存在观望、等待的心理。也有部分村干部出于私利对农地确权持抵制态度,能少确则不多确,以便将来集体土地征地、建设、流转时方便操作、调整。基层干部是农地确权工作开展的执行者,特别是村委会干部,是政府与农户之间的桥梁纽带,如果其消极执行工作,势必会影响农地确权推进。

第三节　确权流转问题对经营主体培育的影响

基于农地确权、流转和新型农业经营主体培育之间的内在逻辑分析,结合实证调研,生态移民聚居区面临的农地确权、流转等难题,对该地区的新型农业经营主体培育带来一定的制约和影响。

一、新型农业经营主体培育壮大受农地确权流转制约

新型农业经营主体的培育需要依靠广大小农流转出大面积的农地开展规模适度集中生产。然而,实践中由于各项农地制度不健全而出现了土地流转中的各种复杂问题,且在西部生态移民聚居区这些问题表现得尤为突出。一是生态移民聚居区农地产权不明晰。前文的分析已经指出,在生态移民聚居区,集体成员资格的变更和实际经营管理土地的变更使移民聚居区的土地产权关系较为复杂,权属也不够明晰,对流转带来较大挑战。二是生态移民聚居区土地流转难度大。一方面,移民对土地的依赖性高,土地仍承载着较重的保障功能,难以流转。另一方面,土地经营内容多随市场调整,市场越好,地价越高,流转成本也越高,这对新型农业经营主体而言压力也越大。三是许多生态移民聚居区存在土地经营细碎化现象,规模经济难以实现。四是土地流转风险大。对于新型农业经营主体而言,担心农地流转程序不规范,缺乏相应的流

转规范政策措施,农户违约使新型农业经营主体的自身利益得不到有效保障,对于农户而言,同样担心农地流转后不能按期收到租金、土地资源遭到破坏和污染等问题出现。五是土地流转期限短,土地流转困难。在与新型农业经营主体签订农地流转协议时常常由于双方不能完全信任和信息不对称,导致农地流转合同期限普遍较短,农地流转缺乏连续性,从而影响了新型农业经营主体对农地生产投入和产出效益。

此外,尽管政府加大对移民的各项惠农政策的出台,但当前支持政策主要集中在基础设施和民生领域,在产业扶持方面尽管看到新型农业经营主体的辐射带动作用,但尚未形成健全的新型农业经营主体政策扶持体系,对新型农业经营主体的财政补贴政策与实际发展需要不衔接、不匹配。例如,在规模较小的家庭农场、专业合作社等农业补贴和政策支持方面,存在政策创新、投入不足等问题。

二、土地流转不畅阻碍新型农业经营主体培育壮大

通过 605 户样本户问卷调研发现,西部生态移民聚居区农户发生土地流转行为的仅有 160 户,占样本户的 26.45%,农地流转比例明显低于全国平均水平。加之,生态移民聚居区农地流转不畅的问题突出,进一步制约和阻碍了新型农业经营主体的培育和壮大。

西部生态移民聚居区新型农业经营主体发展,需要以土地要素配置进行生产活动,培育新型农业经营主体需要将农地适度规模集中流转。由于农业经营过程中面临一些因素限制了生态移民农地流转,制约了该地区新型农业经营主体获得土地的经营使用权,阻碍了其培育壮大。一方面,缺乏顶层设计。由于缺乏足够的政策支持,对生态移民相关保障制度不健全,导致一部分生态移民农地确权后不愿意进行农地流转。同时,由于相关的租地用地政策不完善、对生态移民的鼓励措施不够等原因,导致西部生态移民聚居区新型农业经营主体难以获得相对稳定的土地供应。另一方面,补贴政策实施不精准。

在实际的土地流转过程中,国家农业补贴等政策往往是补偿给了土地承包者而没有补偿给流转的经营主体,导致经营主体并没有得到农业补贴等实际优惠。这些因素一定程度上影响了新型农业经营主体的发展壮大。再者,农地租金不断提高。西部生态移民聚居区农地流转的过程中,因新型农业经营主体对农地的规模化经营水平并不高,农地租金持续抬升,也成为一个长期的制约性因素。许多新型农业经营主体需长期负担较高的农地租金,加之劳动力成本的不断抬升,阻碍了新型农业经营主体的进一步发展和壮大,影响其规模化经营效益。①

三、新型农业经营主体培育壮大受投融资机制制约

当前在新型农业经营主体培育过程中,一方面,新型农业经营主体在生产过程中不仅需要购买种子、农药、化肥、薄膜等生产资料,雇佣大量劳动力,还需要投入大量的资金用于农业生产大棚、仓库、防护栏、灌溉设施、生产便道建设和改造,病虫害防治等建设需要投入大量资金。另一方面,新型农业经营主体在筹资融资上依然有较大困难。一是现阶段西部生态移民聚居区的新型农业经营主体还处于培育和发展的初期阶段,资金来源主要以自筹为主,新型农业经营主体发展所需的银行信贷资金占比不足,"融资难、融资贵、融资不足"仍成为制约其发展的"瓶颈"之一。② 二是经济新常态下农业整体投入的变数给新型农业经营主体的筹资融资也带来变数。③ 与其他行业相比,西部生态移民聚居区的农业生产行业风险、市场经营风险较大,而且农业投入产出周期较长、见效慢,吸引社会投资及金融机构信贷资金难度较大。而各级政府

---

① 梁冰倩、赵首:《经济新常态背景下新型农业经营主体发展的障碍与破解》,《河北青年管理干部学院学报》2019 年第 5 期。
② 沈费伟:《新型农业经营主体的培育逻辑、发展困境与路径指向》,《山西农业大学学报(社会科学版)》2020 年第 3 期。
③ 梁冰倩、赵首:《经济新常态背景下新型农业经营主体发展的障碍与破解》,《河北青年管理干部学院学报》2019 年第 5 期。

强农惠农利好政策及项目资金往往因各种原因又难以落地。目前竞争立项分配模式下存在"锦上添花"现象,发展较好的新型农业经营主体容易获得发展扶持资金,而发展较困难的新型农业经营主体获得资金的难度较大。各级政府扶持新型农业经营主体的政策措施相对较多,但在农产品加工、销售流通等环节上扶持政策举措明显不足。新型农业经营主体不仅面临农地流转不畅、流转风险大等难题,还面临授信担保困难、申请手续繁复、隐性交易费用高等融资难题。①

四、基础"短板"的问题突出且服务体系不健全

从农业基础设施来说,尽管近年来对西部生态移民聚居区加大了农田水利、道路和电力等农业基础设施投入力度,然而病险水库、生产用道路、农用电力等传统农业基础设施依然面临着老化失修问题,抵御自然灾害的能力脆弱。与此同时,从现阶段政府对农业财政投资结构来看,也存在投资不合理的问题。农田水利等农业基础设施建设仍面临"最后一公里"的问题,制约了新型农业经营主体的生产效益提升。另外,多元化、专业化、市场化的农业服务体系供给不足,仍是当前阻碍新型农业经营主体发展的突出问题。②

西部生态移民聚居区农业社会化服务目前大多还停留在针对传统农业生产经营技术方面的推广,提供的社会化服务内容相对缺乏,社会化服务的能力相对不足,也缺乏相关的政策举措支撑,难以适应新型农业经营主体的社会化服务需求。该特殊区域农业社会化公益性服务滞后,制约了新型农业经营主体的整体竞争力提升。专业大户、家庭农场与经营农户相比,虽然农地经营规

① 谢欢:《新型农业经营主体发展困境与对策研究——基于对重庆市 BN 区 JJ 镇的个案调查》,《山东行政学院学报》2019 年第 6 期。

② 沈费伟:《新型农业经营主体的培育逻辑、发展困境与路径指向》,《山西农业大学学报(社会科学版)》2020 年第 3 期。

模相对较大,但依然面临着农产品销售难等问题。农业合作社相较于家庭农场对市场风险抵御能力相对较强,但其生产成本较高,这些因素制约了新型农业经营主体的发展。①

五、新型农业经营主体培育壮大缺乏专业化人才队伍

随着西部生态移民聚居区农村劳动力资源的大量转移,新型农业经营主体缺乏专业化人才队伍,大多综合素质不高,缺乏应有的技能,难以满足千变万化的市场需求。主要体现在三个方面:一是缺乏优质劳动力。西部生态移民聚居区当前农村劳动力老龄化现象十分突出,农业生产经营者对农地确权流转的重要性、农业直补等惠农政策认识不足、理解把握不准,导致部分政策难以落实推进。优质壮劳动力因农村经济不发达,经济收入较低,选择外出务工也不愿回到农村从事种养殖业、农产品加工及物流服务等行业。相关惠农政策针对性不够,难以吸引外出务工劳动力回乡(村)创业发展,把人才留在农村面临诸多困难。二是职业农民培育滞后。新型职业农民培养的渠道不畅、机制不活、途径不多。三是复合型人才缺乏。新型农业经营主体缺乏懂技术、善经营、会管理的复合型人才。西部生态移民聚居区农村的工作环境、收入、社会保障等条件比较差,经营理念、管理方式、技术水平等都很落后,复合型人才大多不愿到农村工作,涉农单位的一些负责人和管理者还不适应农业市场化和现代化要求。②

此外,西部生态移民聚居区新型农业经营主体多数面临经营规模太小、经营效益不高等问题,缺乏可持续发展能力,难以适应农业现代化发展的形势。加上新型农业经营主体的自身内部运行不规范、管理体制机制不健全、与农户

---

① 梁冰倩、赵首:《经济新常态背景下新型农业经营主体发展的障碍与破解》,《河北青年管理干部学院学报》2019 年第 5 期。

② 谢欢:《新型农业经营主体发展困境与对策研究——基于对重庆市 BN 区 JJ 镇的个案调查》,《山东行政学院学报》2019 年第 6 期。

的利益联结机制不完善,难以将利益留在农村,制约了农地流转和新型农业经营主体培育壮大。①

---

① 梁冰倩、赵首:《经济新常态背景下新型农业经营主体发展的障碍与破解》,《河北青年管理干部学院学报》2019 年第 5 期。

第七章　路径选择及对策建议

基于现状实证调查、问卷数据库开发及问题分析,为促进西部生态移民聚居区农地确权、流转及新型农业经营主体的培育,真正实现"搬得来、稳得住、能致富"的目标,促进生态移民聚居区和谐稳定和繁荣发展,本书从重点路径选择及对策建议上进行了探索。

第一节　做好顶层设计和制度安排

生态移民农地确权应强化顶层设计和制度安排,深化农村土地制度改革,积极稳妥地解决历史遗留的土地权属、移民落户等问题,切实保障好移民农地权益。

一、做好顶层设计和制度安排

深化农村改革,在省级层面组建由扶贫、农业、林业、国土等多部门构成的生态移民聚居区农村土地改革和确权登记颁证工作领导小组。州(市)、县(区)、乡(镇)、村、组领导小组,形成市、县、乡、村、组五级联动工作机制,有序推进移民区农地确权。做好顶层设计和制度安排,完善农村集体土地确权登记发证工作。提前介入,主动作为,强化调研,化解矛盾纠纷,积极稳妥推进非政策性移民户籍制度改革,高位推动生态移民聚居区农地确权登记颁证工作。落实和维护集体土地产权,妥善处理土地权属争议,使农户、集体、企业和政府等市场主体之间形成更稳定的契约关系。赋予生态移民聚居区农民土地流转权利的主体地位,适度给予生态移民土地发展权,为农村土地承包经营权流转提供法律保障,维护生态移民合法的土地权益,促进生态移民聚居区社会和谐稳定发展。[①]

二、深化农村土地制度改革

生态移民区农地制度改革需从分类施策、科学周密设计。一是建议探索推进农地有偿转让和退出机制,将愿意转让、退出承包经营权的原住居民农地,通过土地承包经营权属的赎买、置换和出让等方式,重新无偿划拨承包给迁入移民,给予确权颁证,让生态移民吃上"定心丸",促进生态移民"搬得出、稳得住、能致富"。对于非政策性移民,向农业企业赎买产业用地等方式,重新有偿配置并承包给迁入的非政策性移民。采取有偿方式为非政策性移民调整部分宅基地及生产用地,让其有立足之地和发展空间。二是针对部分政策性移民的耕地权属与国有林、集体林重叠问题,以及对非政策性移民长期耕种的"自开地"是集体林地或耕地,给予变更土地性质,非政策性移民农户向村集体及林业等相关部门适当缴纳费用,然后给予确权颁证,杜绝"负向激励"带来新"自开地"行为,强化集体土地利用管理。明确政府部门职责,避免农地确权及管理盲区,明晰国有林权属转移问题,界定好省、市级相关部门的审批权限。对生态性移民长期"蚕食"国有林地,用于种植橡胶、茶等经济林的"自开地",形成了既成事实,通过省(区)自然资源厅、林草局向国家自然资源部、国家林草总局申请变更已长期开垦的国有林地为集体林地属性,然后通过集体林权制度改革给予确权颁证、承包给

---

① 张体伟:《生态移民聚居区农地制度改革难点及路径选择》,《云南社会科学》2016 年第6 期。

生态移民农户,并严禁其新"自开地"行为,避免盲目开垦新地,造成生态破坏;或者按照《森林法》等相关法规,没收其自开的国有林地,让其退耕还林。[①]

三、积极稳妥解决历史遗留问题

以科学发展观为指导,进一步优化移民落户政策。加强政策性移民户籍、人员流动管理,将管理责任落实到各乡镇、各行政村,做到及时办理政策性移民户籍迁移手续,并配制政策性移民卡,快速有效识别移民身份类别,避免数据遗失及户籍杂乱不易识别引起农地确权重复性工作和无效工作。同时,定期上报人员流动情况,并对人员流动情况进行统计分析,针对落户后长期在外务工及在外有稳定收入的政策性移民,可根据本人意愿,鼓励不愿回乡发展的移民将户口转移城镇,并给予他们城镇居民同等政策待遇(包括住房、医保、养老、子女上学等方面的政策),以促进农业人口向城镇合理流动,解决部分移民区土地资源紧张问题。完善非政策性自发移民户籍管理,可借鉴生态移民管理比较成熟的省份做法,给予非政策性自发移民办理居住证,实施动态监管。针对非政策性弱势自发移民群体,例如残疾人、老年人应纳入地方社保对象之列,给予特殊政策和特殊照顾。针对长期居住迁入地的农户给予落户,给予其医疗、社保、子女上学等基本民生保障,以维护社区和谐稳定,有序推进农地确权。

四、切实保障生态移民农地权益

在生态移民聚居区,非政策性自发移民自开地及自发移民购买耕地、宅基地按照相关农地政策,是不能够被承认、被确权的。在生态移民聚居区相比政策性移民,自发搬迁非政策性生态移民"边缘化"现象更为突出,所购买或自

---

① 廖桂莲、张丽华、张体伟:《生态移民农地确权与流转行为的影响因素分析》,《云南社会科学》2020 年第 5 期。

开地权属也无法得到保障。即便这样,他们还是愿意留在迁入地,因为相比迁出的地方,迁入地有相对好的生产环境、生产条件,可以比迁出地生活得更好,同时他们没有足够的技能进城谋求发展,所以最终只能选择在迁入地以土地经营为生。为同步发展,共同构建和谐社会,尊重现实,以人为本,进一步深入推进移民农地确权工作。一是对政策性移民自开地,按照配置标准,实行多退少补的方式,对于多开自地的农户,按照开垦面积给予一定的土地开发劳动报酬后,收归村集体分配给土地配置不足的其他政策性移民。二是将户口已转移城镇的政策性移民农地通过置换方式,重新承包给没有落实土地的政策性移民,避免农地抛荒和粗放管理问题。三是对长期居住稳定的自发移民自开"四荒地",超过一定年限没有争议的,待其落户后,按政策性移民土地配置标准,由村委会给自发移民办理土地承包手续①,纳入村集体管理,对于多开部分,按照政策性移民自开地规定处理。四是对自发移民购买的土地和宅基地,符合配置标准及相关政策的,要求买卖双方补办流转协议后,再给予确权;调研过程中发现部分偏远地区的自发移民购地数量较大,对这类人员要与当事人双方核实土地买卖情况,对售卖土地的政策性移民,做登记备案,今后不再配置土地,对买方土地,先收回到村集体,再由村集体以租赁的形式按市场价将土地承租买方抵销土地购资金,待时间到期后再统一收回到村集体,并报上级部门备案。以此,通过不断创新、深化生态移民农地确权政策,进一步理顺移民区土地权属关系,有效推地生态移民农地确权。另外,生态移民的土地安置工程还涉及迁入原住居民的土地置换问题,由于政府与原住居民在土地置换补偿价格上一直僵持不定,且大多数原住居民对土地依赖程度较深,即便是偏远地段土质条件稍差的农地也不愿转让出去,严重阻碍生态移民政策实施,并激化了生态移民与原住居民之间的利益关系,所以在移民土地政策制定过程中应同时考虑迁入移民与原住居民相关土地政策。当前国家法规条文更

---

　　① 张体伟:《生态移民聚居区农地制度改革难点及路径选择》,《云南社会科学》2016 年第6 期。

多关注的是工程移民征地补偿、政策优待,对移民安置区(聚居区)原住居民土地调出补偿标准、方式、优惠政策没有给予明确规定,出现了各地执行标准差异较大,标准偏低的情况,侵害了安置区原住居民的土地合法权益。合理调整移民与原住居民的土地经济利益分配,是减少双方经济利益冲突,保证移民顺利安置的重要渠道。国家应根据土地持续收益、增值的特性及土地市场价格,合理制定原住地土地调整补偿标准,使土地补偿价格相对统一、公平。同时全面充分考虑调出土地的原住居民生产、生活、经济等情况,给予调出土地的原住居民社保优惠政策,例如给予转让出土地的原住居民提供同等于失地农民的养老保险缴纳申请资格,给予愿意进行非农就业的原住居民推荐或提供就业岗位,减少原住居民对土地调出的顾虑,快速推进移民土地配置确权工作,进一步促进移民与原住居民和谐发展,相互融合,促进社区共同体共建共治共享。

第二节　借鉴有益做法并创新政策举措

农地确权需依法依规有序推进,尊重历史、尊重农民主体意愿,加大政策支持力度,改善农地确权环境,借鉴有益探索和做法,切实保障移民农地权益。

一、农地确权需坚持原则

一是坚持依法依规的原则。严格按照国家及省(自治区、直辖市)农村土地承包法、土地管理法、林地管理条例等法律法规开展农村土地确权工作。坚持土地农用管理制度,严格执行土地利用规划和耕地保护制度,对早期私自开垦林地的移民农户,强制要求退耕还林后,再给予确权登记;对擅自改变承包地用途的移民农户,要求限期复垦方可进行确权。二是尊重历史的原则。跨地州移民农地预留问题多,历时长,涉及面广,要尊重历史,结合现实,实事求是,认真严谨对待跨地州移民农地历史预留问题。对已签订土地承包合同、颁发土地承包经营权证书的移民农户,进一步核实、明确农地面积和四至范围,明晰农地产权权利;对从未进行农地确权颁证的农户,按照安置政策、农地政策办理确权、颁证;对历史原因造成农地生产资料配置不足的农户,参照配置政策标准补足农地面积;对权属不清的承包地,要开展风险评估,制订应急处置预案,通过协调、仲裁部门妥善解决农户土地承包经营权纠纷。三是坚持尊重农民意愿的原则。生态移民是农地确权的利益主体,要在坚持依法依规原则上,充分尊重农民意愿,对农地历史遗留问题、农地权属问题及农地确权重要环节要实行民主讨论、协商和民主决策,不能违背群众意愿,强行推动农地确权。并依法依规公开农地确权过程、结果,接受群众监督。四是保障移民农户土地权益的原则。坚持稳定和完善农村土地承包关系,强化农民土地基本权益。严禁相关部门及村集体在农地确权过程中趁机非法调整土地,或将收回农户土地重新分配给他人。依法保障"农转城"居民的土地承包经营权及妇女土地承包经营权,确权过程不得影响农户正常生产经营,不得将农地登记实测面积与农业税等相关要求挂钩,以此增加农民经营负担。对农户四至实测面积大于二轮土地承包经营权证书登记面积的,应按实测面积确权登记给农户。五是坚持有序稳步推进的原则。在农地确权过程中分类引导,先易后难,循序渐进,先对农地权属清晰、条件具备的移民村进行试点,成熟一个,总结一个,再推进一个,确保一次性厘清跨州市政策性移民农地权属关系,从根源上解决政策易地移民农地遗留问题。六是因地制宜的原则。生态移民区耕地质量、农业配套、交通等资源条件差异显著,深入调查移民村实际情况,并结合移民农户耕地配置面积、自开地面积、家庭人口数、农地配置问题等相关信息,召开专题会议,广泛征集相关部门、相关领域专家以及原住民、生态移民的意见和建议,因地制宜对不同区域不同类别移民村制订相应的农地承包经营权确权工作实施方案,确保方案科学合理、公平公正、具有可操作性。

二、着力改善农地确权环境

一方面,加大对生态移民聚居区农地配置确权相关经费的资金整合与投入,保证合理的经费开支。生态移民农地配置确权,人员数量多,配置面积大,费钱费时费力。从根源上解决生态移民农地历史预留问题,推动农地确权进程,必须加大投入移民安置和农地确权经费。当前大部分生态移民聚区农地确权开展缓慢,很大一部分原因是经费不足。特别是在跨地州移民问题上,土地置换补偿金额较大,按照上级指示及文件精神,补偿资金由移民开发地市、县(区)自筹解决,分三年实施完成,这样对移民开发地压力确实很大,不但要花大量的人力、物力解决移民住房、生产、生活及发展问题,还要筹集资金。跨地州移民土地安置确权成本高昂,建议省级、州(市)、县(市、区)三级财政按50%∶40%∶10%的比例,筹集移民农地赎买资金,从当地社区、新型农业经营主体购置土地,安置生态移民,解决历史遗留的土地权属问题,并及时给予生态移民农地确权颁证。只有资金投入到位,才能顺利推进移民聚居区农地确权工作。建议移民土地安置资金主要由省级政府主抓负责,安置的生态移民中,有一部分为水库工程移民,根据《国土资源部、国家经贸委、水利部关于水利水电工程建设用地有关问题的通知》规定,对水利水电建设占用耕地(含淹没耕地),没有条件补充耕地或补充耕地不达标的,建设法人单位按规定缴纳耕地开垦费。政府可将这部分耕地开垦资金收缴后重点用于移民安置区土地开发配置,以保证移民土地安置资金投入,快速推进生态移民农地配置确权。

另一方面,增加移民安置政策支持力度,进一步促进移民聚居区经济社会发展。实证分析发现,经济状况较好的移民家庭及搬迁后经济明显提高的移民家庭对农地确权政策实施工作满意度更高,这说明移民经济收益的提升对农地确权政策实施有促进作用。部分生态移民的配置土地主要以地处偏僻的山地为主,土地质量相对偏差,农业基础配套设施也不足,致使农业产出率不高,而农业生产劳动力需求又较大,进而影响移民农地确权积极性。移民聚居区农地确权的最终目的是推动移民区经济稳定发展,实现移民脱贫致富。所以,需加大对移民聚居区经济发展的政策支持力度,首先,对配置土地中土壤偏差的荒山荒地、零散土地要进行土壤培育、改良,以优化土地结构,提高土地产出率,同时缓解土地配置矛盾,确保移民生产收益。其次,加快完善移民聚居区农业基础配套设施建设。这不仅有利于提升移民农户生产效益,稳定移民安置迁入地发展的信心,减少移民回迁,同时有利于提升移民区土地开发经济价值,促进土地流转,呈现农地确权积极效应。再次,加大对移民农业技术培训与指导,跨地州易地搬迁移民搬迁安置区后,安置区种植作物类别、种植方法、种植技术等与迁出地有较大差别,所以要帮助他们尽快适应安置区农业生产模式,稳定农业经济收入,稳定移民土地安置。最后,从财政、金融、信贷等方面加强移民聚居区农业产业发展政策扶持,因地制宜,突出特色,培育形成移民聚居区优势农业产业,逐步提升移民农业生产经济收入,减少移民聚居区与非移民聚居区发展差距,实现公平发展。

三、强化农地政策宣传培训

调研中发现,生态移民聚居区农地政策宣传培训力度不足,很多移民群众对土地政策认识不到位或者不清楚,实证分析也证明政策认知显著影响移民农户对农地确权政策实施的满意度。农民是农地确权的参与者、推进者,如果农地确权得不到群众的理解、支持和配合,那么农地确权将难以开展。所以,通过编印农地确权颁证工作指南、农地确权政策问答、农地确权画册、农村百事通等宣传资料,通过群众大会、村委会广播、入户讲解、地方电视台、宣传栏等方式广泛宣传农地确权相关政策,消除移民农户土地政策认知盲区、认知误区,让群众深入了解农地确权政策及确权的重要性,使移民群众明白农地确权是为了有效保护农民的土地权益不受侵害,为了更好地激活、发展农村经济的一项重要措施。切实转变移民农户确权思想，变"要我确权"到"我要确权"，以营造良好的确权氛围。同时，进一步加强基层干部教育培训，提高基层干部思想觉悟和业务技能，建立一支懂政策、懂流程、懂业务的基层干部队伍。基层干部对农地确权推进起决定性作用，农地确权各个环节都需要基层干部参与、配合、支持。但在农地确权过程中部分基层干部对土地政策把握不清，没有很好地协调处理农户土地问题，对农地确权工作浮于形式。建议在农地确权开展前，对所有基层干部进行思想教育、知识技能培训及考核，使所有工作人员都能熟知、运用相关政策、法律法规，认真拥护、贯彻落实上级精神，积极带领群众推进农地确权相关工作，以发挥基层领导的核心作用。在农地确权过程中，要加强确权工作推进考核监督激励机制，对积极推进业务的基层干部(含村委干部)要给予实质性奖励与激励措施，对消极执行工作任务、以权谋私的工作人员要严格惩治。农地确权后，通过"回头看"全面排查农地确权是否存在遗漏、死角，土地承包经营权证书是否发放到位，农地确权是否还存在矛盾冲突，以保证农地确权的数量与质量。

四、借鉴有益做法保障移民农地权益

借鉴部分州(市)对解决生态移民聚居区农村土地问题的有益探索，对自发在现居住地开垦的"四荒"超过10年以上且没有争议的，该类人员落户后可按土地承包法规定，由安置区村委会或者村民小组发包给生态移民，并按程序签订承包合同。在土地产权关系明确的前提下，与权属明确的国有、集体、个人进行协商，依照土地流转有关规定，要求自发搬迁的非政策性移民与产权人签订规范的土地承包经营权流转合同。用好土地流转政策，让非政策性移民获得一定补偿。部分非政策性移民原住地有一定的耕地、林地承包经营权和宅基地使用权，可通过合理的土地流转机制，由移出地集体经济组织依据当地土地流转市场价格，给予移民农户一次性权益补偿，然后收归集体所有,再由迁入地县(市、区)、乡(镇)、村、组统一协调,采取有偿方式为移入群众调整部分宅基地及生产用地,让非政策性移民有立足之地和发展空间。①

五、积极探索农村土地新政策

利用城乡建设用地增减挂钩政策支持易地搬迁,探索试点,利用农民进城落户后自愿有偿退出的农村空置房屋和土地安置生态移民农户。调整完善土地利用总体规划,合理调整生态移民聚居区基本农田保有指标,加大脱贫攻坚新一轮易地搬迁安置力度。支持农民合作社和其他经营主体通过土地托管和吸收农民土地经营权入股等方式,带动生态移民聚居区移民增收。赋予土地被占用的村集体股权,让生态移民聚居区贫困人口分享资源开发收益。通过土地整理,新增耕地优先用于生态移民安置;新增建设用地计划指标优先保障脱贫攻坚生态移民安置用地需要。中央和省级政府在安排土地整治工程和项目、分配下达高标准基本农田建设计划时,向生态移民安置区优先和倾斜。在有条件的生态移民安置区,优先安排国土资源管理制度改革试点,支持开展历史遗留工矿废弃地复垦利用、城镇低效用地再开发和低丘缓坡荒滩等未利用地的开发利用试点。② 生态移民对农地确权政策、方式方法满意度感知比较强烈。生态移民聚居区农地问题错综复杂,致使土地矛盾、纠纷频频上演,严重影响移民区经济、社会和谐发展。首先,在政策制定过程中,应增加生态移民决策参与权,确保农地政策实用、高效,顺利推行实施。其次,建议增加"生地"农业政策补贴,减少人地矛盾突出问题,提高移民确权参与生产积极性。再次,对条件允许的非政策性移民,在其自愿基础上,可考虑纳入政策性移民,

---

① 张体伟:《生态移民聚居区农地制度改革难点及路径选择》,《云南社会科学》2016 年第 6 期。

② 张体伟:《生态移民聚居区农地制度改革难点及路径选择》,《云南社会科学》2016 年第 6 期。

进行统一管理,从根源上减少农地非法开垦、非法交易问题,从而降低农地矛盾冲突发生频率、频次。最后,对非政策性移民开垦的"四荒"土地,在规划区域,开垦超过 10 年且没有争议的,待该类人员落户后,按《土地承包法》规定,由村委会发包给非政策性移民。①

第三节　理顺农地制度和管理体制

农地制度的改革创新是推进生态移民聚居区农村经济发展的原动力。应着力解决生态移民安置的土地生产资料问题和安置过程中遗留下来的农村土地权属问题。加强立法,制定和落实好土地政策,完善土地承包合同。完善农地确权登记工作办法,细化农地确权中发现的历史遗留问题处理意见和处理方案。改革和创新农村土地制度,释放土地资本红利,促进土地物权化、财产化、资产化,赋予生态移民更多土地权益,维护好生态移民农地确权流转权益保障问题。建立健全"产权明晰,用途管制;市场主导,竞争定价"的农村土地市场,明晰产权,推进城乡要素平等交换和公共资源均衡配置。理顺并协调好与易地搬迁移民、原住民之间的农地权属关系。创新农地制度和管理体制。探索试点利用农民进城落户后自愿有偿退出的农村空置房屋和土地,安置非政策性移民。通过落户并赋予集体成员资格权、农地确权颁证等工作,促进各项惠农政策和扶贫政策有效覆盖。强化生态移民聚居区土地管理,杜绝管理多头,避免管理"真空"。开展确权登记、改革征收制度、优化增值利益分享机制。规范政府行为,完善流转政策,健全农村社保体系和土地流转服务体系,探索生态移民聚居区土地流转新途径。②

---

① 廖桂莲、张丽华、张体伟:《生态移民农地确权与流转行为的影响因素分析》,《云南社会科学》2020 年第 5 期。

② 张体伟:《生态移民聚居区农地制度改革难点及路径选择》,《云南社会科学》2016 年第 6 期。

一、完善农地制度并明确相关规定

中央政府是制度的供给者,也是省级地方政府的管理者,当制度供给与执行者、接受者约束条件不一致时,将导致中央及各级政府、各级行政部门信息不对称,出现以权谋私、"搭便车"、工程化等现象。[①] 当前,我国生态移民制度主要围绕扶贫开发、易地搬迁工程、退耕还林等方面政策进行供给,存在制度供给不足、缺乏系统性、界定模糊、工程化等问题,没有建立统一的法律法规体系,特别是针对生态移民土地安置方面的法律法规比较缺乏。由于制度的供给缺失,存在地方政府自包自揽,角色"错位""越位"现象。诺斯指出,人们的社会、政治、经济等方面会受到制度的激励作用。农地制度是农地确权过程中解决农地确权涉及问题的参考、执行依据,只有健全的农地制度才能有效保障农户土地合法权益,才能提高农地确权工作效率。生态移民是政府的一项重要政策,生态移民土地制度关系到生态移民政策是否有效落实,中央政府是国家权力机关,是制度的主要供给者,所以要从中央层面完善生态移民土地制度供给。地方政府是制度的执行者,要认真履行国家政策体系,并根据地方实情,配合补充、完善相关法律法规、实施细则,不断健全制度保障机制,加快推进生态移民工作顺利开展。

二、健全管理体系并加强秩序维护

生态移民聚居区土地矛盾错综复杂,农地交易管理不能一蹴而就,需建立长效机制和土地产权交易机构,不断规范移民聚居区农地流转程序。一是要加强引导农户依法规范土地流转手续,学会运用法律武器保护自己的合法权益,使土地流转走向规范化。二是在政府、村集体引导组织土地流转过程中,需加强土地流转风险控制,加强对承包企业综合信用评价,同时要求承包企业缴纳土地信用保证金并且在合同中规定每年年初支付本年土地租金,避免企

---

① 张灵俐、刘俊浩:《论生态移民的制度供给》,《湖南社会科学》2013 年第 4 期。

业资金断链,长期拖欠农户租金。三是健全土地流转监督机制,普洱市大部分生态移民聚居区地处偏远,加上人员流动频繁,土地非法交易违规使用比较普遍,政府可以通过建立举报电话、信箱等平台加强土地流转监督机制,同时要求村委会对所有的土地转让、土地建设使用情况都要公开并报乡镇备案,对非法交易违规用地行为要加大整治和惩罚力度。四是加大生态移民聚居区土地产权交易平台及纠纷调解机构建设,减少农地交易成本,交易风险。五是加强生态移民迁出地与迁入地土地统一管理,制定科学合理的移民土地管理条例,减少和避免移民来回搬迁产生的土地抛荒和移民"卖地"现象。实证分析发现,迁出地仍享有农地的移民农户对迁入地农地确权政策实施更倾向于不满意,生态移民主要以跨地州移民为主,由于空间距离较远,搬迁移民农户迁出地与迁入地生产、生活差距太大,移民农户很难在较短时间内适应新的环境,所以迁入地仍有农地的移民农户很容易回迁或两头来回多次迁移,不但影响移民生活、生产等诸多方面的稳定发展,同时不利于移民迁出地与迁入地农地管理。调查过程中迁出地为生态保护区或水库淹没区的移民在迁出地基本都不再享有土地,政府对这部分群众移民在迁入地给予农地保障、确权,帮助他们脱贫致富。对迁入地、迁出地两头占有农地的移民,应加强迁出地与迁入地土地管理衔接,制定移民迁出地与迁入地相适宜的农地管理办法,应将这部分群众搬迁至安置区(迁入地)并配置土地稳定生产一年后,对其迁出地占有的土地收归国家或者集体;对于搬迁至迁入地生产还未稳定,在一年内回迁的移民,迁出地可保留其土地,同时由迁入地收回之前配置的土地。

三、做好土地规划并强化安置基础

土地规划是在一定地区范围内,依据当地的自然资源、人力资源、社会资源及经济发展前景和需求,合理安排协调土地供给,使土地得到充分、有效利用。[1]

---

① 王万茂、韩桐魁:《土地利用规划学》,中国农业出版社2002年版。

实现生态移民安置稳得住的关键是将移民计划纳入土地利用总体规划,提前规划,提前开发,保证移民搬迁后生存发展所必需的生产用地。安置区地方政府应配合做好地方移民安置土地总体规划(含安置人数、土地安置面积、安置区域等具体信息),报省级审批,这个过程应该是自上而下,再自下而上提前规划的。一经批准的土地总体规划就具有更强的可操作性和实施性,这样不仅减少了后期相关工作层层上报、请示及协调的繁杂性工作,简化了工作流程,而且也避免了因土地调整影响移民安置的问题。

第四节　强化流转基础并优化资源配置

强化农地流转基础。一是加大宣传、培训等多种途径,加大农地"三权分置"的政策、农地确权流转制度的宣传力度,提高生态移民农地政策认知程度,不断强化移民土地产权意识,推动农地流转市场合理、规范交易;巩固确权颁证成果,改革农地征收制度、优化增值利益分享机制,探索生态移民聚居区农地流转新途径。二是土地承载着移民生计的最终保障功能,必须加大对农村养老、医疗保险等社会保障投入力度,弱化土地功能,消除移民农户"老无所养,病无所医"的后顾之忧和农地的依赖程度。三是加大移民劳动力培训转移就业扶持力度,引导、帮助移民创业或进城务工,并将进城移民纳入城市社会保障体系建设之中,同等对待。①

优化农地资源配置。需优化配置农地资源,提升生态移民对农地权属、确权流转的主体意识,实施差异化特征显著的确权颁证政策,建立健全移民聚居区农地要素市场,促进生态移民农地确权流转和新型农业经营主体培育。

---

① 廖桂莲、张丽华、张体伟:《生态移民农地确权与流转行为的影响因素分析》,《云南社会科学》2020 年第 5 期。

主要参考文献

［1］包智明：《关于生态移民的定义、分类及若干问题》，《中央民族大学学报（哲学社会科学版）》2006 年第 1 期。

［2］陈素琼、李杨、张广胜：《代际差异间劳动力转移对农户土地流转行为的影响——以辽宁省 501 个农户样本为调研分析数据》，《沈阳农业大学学报（社会科学版）》2016 年第 1 期。

［3］陈霜华：《科斯产权理论评析》，《云南财贸学院学报》2002 年第 3 期。

［4］陈锡文：《当前我国农村改革发展面临的几个重大问题》，《农业经济问题》2013 年第 1 期。

［5］陈晓丽：《深化土地产权制度改革，完善家庭联产承包责任制——以新疆吕吉州为例研究》，《经济研究导刊》2014 年第 7 期。

［6］程令国、张晔、刘志彪：《农地确权促进了中国农村土地的流转吗?》，《管理世界》2016 年第 1 期。

［7］党国英：《论我国土地制度改革现实与法理基础》，《理论参考》2013 年第 6 期。

［8］德姆塞茨：《关于产权的理论》，见《财产权利与制度变迁》，上海三联出版社1991 年版。

［9］丁玲、钟涨宝：《农村土地承包经营权确权对土地流转的影响研究——来自湖北省土地确权的实证》，《农业现代化研究》2017 年第 3 期。

［10］杜润生：《杜润生自述：中国农村体制变革重大决策纪实》，人民出版社 2005年版。

［11］樊万选：《农地产权与经营制度对农地经营效益的影响》，《郑州航空工业管理学院学报》2008 年第 2 期。

[12]冯继康:《"三农"难题与中国农村土地制度创新》,山东人民出版社2006年版。

[13]冯继康:《论农民组织化过程中的政府责任》,《山东经济战略研究》2006年第5期。

[14]费孝通:《乡土中国生育制度乡土重建》,商务印书馆2012年版。

[15]付江涛:《新一轮承包地确权、流转及其投资利用研究》,南京农业大学2016年博士学位论文。

[16]付江涛、纪月清、胡浩:《新一轮承包地确权登记颁证是否促进了农户的土地流转——来自江苏省3县(市、区)的经验证据》,《南京农业大学学报(社会科学版)》2016年第1期。

[17]高扬元、张体伟:《西部边疆民族地区少数民族自发移民发展理论探索——以云南为例》,《学术探索》2010年第5期。

[18]郭哲、曹静:《中国农地制度变迁70年:历程与逻辑——基于历史制度主义的分析》,《湖湘论坛》2020年第2期。

[19]郭衍宏、王猛:《农村土地流转的动力机制及约束因子分析》,《经济师》2018年第10期。

[20]韩俊:《从制度上赋予更加完整的土地财产权》,《农村工作通讯》2013年第12期。

[21]洪名勇、施国庆:《农地产权制度与农业经济增长——基于1949—2004年贵州省的实证分析》,《制度经济学研究》2007年第1期。

[22]韩俊:《中国"三农"问题的症结与政策展望》,《中国农村经济》2013年第1期。

[23]胡泊:《培育新型农业经营主体的现实困扰与对策措施》,《中州学刊》2015年第3期。

[24]黄承伟:《中国农村扶贫自愿移民搬迁的理论与实践》,中国财政经济出版社2004年版。

[25]黄少安、孙圣民、宫明波:《中国土地产权制度对农业经济增长的影响:对1949—1978年中国大陆农业生产效率的实证分析》,《中国社会科学》2005年第3期。

[26]黄忠怀、吴晓聪:《建国以来土地制度变迁与农村地域人口流动》,《农村经济》2012年第1期。

[27]侯东民:《移民经济政策市场化:内地"买地移民"的调查》,《人口与发展》2008年第4期。

[28]胡希宁、贾小立:《博弈论的理论精华及其现实意义》,《中共中央党校学报》2002 年第 2 期。

[29]贺雪峰:《澄清土地流转与农业经营主体的几个认识误区》,《探索与争鸣》2014 年第 2 期。

[30]金莲、王永平、周丕东、黄海燕:《制约少数民族生态移民可持续发展的因素探究》,《生态经济》2012 年第 11 期。

[31]科斯:《企业市场与法律》,三联书店出版社 1990 年版。

[32]科斯等:《财产权利与制度变迁——产权学派与新制度经济学派译文集》,刘守英等译,上海人民出版社 1994 年版。

[33]孔凡斌、廖文梅:《基于收入结构差异化的农户林地流转行为分析——以江西省为例》,《中国农村经济》2011 年第 8 期。

[34]孔祥智、闵继胜:《新型农业经营主体经营模式创新的制约因素及制度突破》,《经济纵横》2016 年第 5 期。

[35]李兵、吴平:《农户农地确权认知与参与行为影响因素分析——以邛崃市为例》,《中国农学通报》2011 年第 8 期。

[36]李惠:《人口迁移的成本、效益模型及其应用》,《中国人口科学》1993 年第 5 期。

[37]李里峰:《集体化时代的农民意愿表达与党的农村政策调整》,《南京政治学院学报》2014 年第 1 期。

[38]李耀松:《宁夏生态移民可持续发展研究》,《宁夏社会科学》2012 年第 1 期。

[39]李笑春等:《可持续发展的生态安全观——以浑善达克沙地为例》,《自然辩证法研究》2005 年第 1 期。

[40]黎霆、赵阳、辛贤:《当前农地流转的基本特征及影响因素分析》,《中国农村经济》2009 年第 10 期。

[41]梁冰倩、赵首:《经济新常态背景下新型农业经营主体发展的障碍与破解》,《河北青年管理干部学院学报》2019 年第 5 期。

[42]廖桂莲、张丽华、张体伟:《生态移民农地确权与流转行为的影响因素分析》,《云南社会科学》2020 年第 5 期。

[43]林志斌:《谁搬迁了?——自愿性移民扶贫项目的社会经济和政策分析》,社会科学文献出版社 2006 年版。

[44]刘守英:《中国农地制度的合约结构与产权残缺》,《中国农村经济》1993 年第 2 期。

［45］刘同山、孔祥智:《确权颁证、子孙传承与农民的承包地转让意愿》,《中国人口·资源与环境》2019 年第 3 期。

［46］刘同山、孔祥智:《十个一号文件与农村基本经营制度稳定》,《现代管理科学》2013 年第 8 期。

［47］刘燕华:《我国农村土地产权制度变迁与创新研究》,西南财经大学 2011 年硕士学位论文。

［48］刘永湘:《中国农村土地产权制度创新论》,四川大学 2003 年博士学位论文。

［49］刘丹:《民族地区农村土地流转问题研究》,湖北民族学院 2011 年硕士学位论文。

［50］罗必良:《农地确权、交易含义与农业经营方式转型——科斯定理拓展与案例研究》,《中国农村经济》2016 年第 11 期。

［51］马克思、恩格斯:《马克思恩格斯选集》第 3 卷,人民出版社 2012 年版。

［52］马克思、恩格斯:《马克思恩格斯选集》第 2 卷,人民出版社 1995 年版。

［53］曲福田、王秀清、黄贤金等:《资源经济学》,中国农业出版社 2001 年版。

［54］沈费伟:《新型农业经营主体的培育逻辑、发展困境与路径指向》,《山西农业大学学报(社会科学版)》2020 年第 3 期。

［55］沈满洪、张兵兵:《交易费用理论综述》,《浙江大学学报(人文社会科学版)》2013 年第 2 期。

［56］斯蒂芬·P. 罗宾斯、玛丽·库尔特:《管理学》,中国人民大学出版社 2003 年版。

［57］税伟等:《生态移民国外研究进展》,《世界地理研究》2012 年第 1 期。

［58］宋辉、钟涨宝:《基于农户行为的农地流转实证研究——以湖北省襄阳市 312 户农户为例》,《资源科学》2013 年第 5 期。

［59］苏康传等:《重庆市集体建设用地流转发展阶段判析》,《西南大学学报》2011 年第 10 期。

［60］覃一冬:《20 世纪以来我国农村土地制度变迁及创新路径》,《理论月刊》2010 年第 6 期。

［61］谭永海、梅昀:《分布式认知视角下农户土地转出行为影响因素分析——基于武汉城市圈典型地区的调查》,《资源开发与市场》2018 年第 4 期。

［62］唐传利、施国庆主编:《移民与社会发展国际研讨会论文集》,河海大学出版社 2002 年版。

［63］唐萍萍、胡仪元:《陕南生态移民土地经营权转让意愿及其影响因素研究——

以汉中市为例》,《中国农业资源与区划》2015 年第 5 期。

[64]唐贤健、张因:《加快土地确权　推动土地流转　促进三农发展》,《湖北省社会主义学院学报》2012 年第 6 期。

[65]田静婷:《中国农村土地流转的困境与对策——基于制度经济学的视角分析》,《经济问题》2009 年第 10 期。

[66]佟新:《人口社会学》,北京大学出版社 2010 年版。

[67]王刚、娄成武:《城郊土地管理困境:中央与地方的"土地博弈"》,《行政论坛》2011 年第 2 期。

[68]王龙:《农地经营权流转与宁夏生态移民发展研究》,《宁夏社会科学》2009 年第 2 期。

[69]王万茂、韩桐魁:《土地利用规划学》,中国农业出版社 2002 年版。

[70]魏崇辉、王岩:《制度变迁理论的比较与启示——基于理论预设视角》,《经济问题》2009 年第 6 期。

[71]谢欢:《新型农业经营主体发展困境与对策研究——基于对重庆市 BN 区 JJ 镇的个案调查》,《山东行政学院学报》2019 年第 6 期。

[72]杨继瑞:《我国农村土地资源配置市场化问题探讨》,见南京地政研究所编:《中国土地问题研究》,中国科学技术大学出版社 1998 年版。

[73]杨占武:《苏醒的荒漠戈壁》,宁夏人民出版社 2015 年版。

[74]杨云彦:《人口、资源与环境经济学》,中国经济出版社 1999 年版。

[75]姚国庆:《博弈论》,南开大学出版社 2003 年版。

[76]姚洋:《农地制度与农业绩效的实证研究》,《中国农村观察》1998 年第 6 期。

[77]叶剑平、徐青:《中国农村土地产权结构的度量及其改造——基于 2001 年和 2005 年中国 17 省农地调查的分析》,《华中师范大学学报》2007 年第 6 期。

[78]伊庆山、施国庆、严登才:《水电移民的土地流转安置模式研究——基于贵州省 7 个水电站移民安置实践的调查》,《水利发展研究》2013 年第 12 期。

[79]俞海、黄季焜、Rozell 等:《地权稳定性、土地流转与土地资源持续利用》,《经济研究》2003 年第 9 期。

[80]于阳阳:《马克思土地产权理论及其当代启示》,南开大学 2015 年硕士学位论文。

[81]张海鹏、曲婷婷:《农地经营权流转与新型农业经营主体发展》,《南京农业大学学报(社会科学版)》2014 年第 5 期。

[82]张浩博、陈池波:《集体土地确权对农村土地流转效应的影响——基于 A 县

的案例分析》,《江西农业大学学报(社会科学版)》2013年第2期。

[83]张红宇:《中国农村的土地制度变迁》,中国农业出版社2002年版。

[84]张红宇、刘玫、王晖:《农村土地使用制度变迁:阶段性、多样性与政策调整》,《农业经济问题》2002年第2期。

[85]张建英:《博弈论的发展及其在现实中的应用》,《理论探索》2005年第2期。

[86]张灵俐、刘俊浩:《论生态移民的制度供给》,《湖南社会科学》2013年第4期。

[87]张体伟:《生态移民聚居区农地制度改革难点及路径选择》,《云南社会科学》2016年第6期。

[88]张体伟:《西部民族地区自发移民迁入地聚居区建设社会主义新农村研究》,中国社会科学出版社2011年版。

[89]张志良:《人口承载力与人口迁移》,甘肃科技出版社1993年版。

[90]赵旭、王祎、段跃芳:《就业结构调整对水库移民土地流转的影响研究——以南水北调中线工程移民为例》,《中国农业资源与区划》2018年第10期。

[91]郑新立:《稳定和完善农村基本经营制度——认真落实党的十七届三中全会》,《求是》2008年第21期。

[92]周鹏:《中国西部地区生态移民可持续发展研究》,中央民族大学2013年博士学位论文。

[93]周其仁:《中国农村改革:国家和所有权关系的变化——一个经济制度变迁史的回顾》,《管理世界》1995年第3期。

[94]周其仁、湄潭:《一个传统农区的土地制度变迁》,见《中国当代土地制度论文集》,湖南科学技术出版社1994年版。

[95]周全:《交易费用理论综述》,《现代企业文化》2011年第2期。

[96]朱北仲:《我国农村土地确权中的问题与解决对策》,《经济纵横》2015年第5期。

[97]朱民、尉安宁、刘守英:《家庭责任制下的土地制度与土地投资》,《经济研究》1997年第10期。

[98]Besley T.,"Property Rights and Investment Incentives:Theory and Evidence from China",*Journal of Political Economy*,Vol.103,No.5,1995.

[99]Brandt L.,Huang J.,Li G.and Rozelle S.,"Land Rights in China:Facts,Fictions and Issues",*The China Journal*,Vol.47,No.6,2002.

[100]Carter M.R.,Roth M.,Liu S.,et al.,"*An Empirical Analysis of the Induced Institutional Change in Post-Reform Rural China*",Mimeo,Department of Agricultural and

Applied Economics, University of Wisconsin-Madison, 1996.

[101] Cohen J., Cohen P., West S. G., Leona S. A., *Apllied Multiple Regression Correlation Analysis for the Behavioral Science*, Mahwah, New Jersey: Lawrence Erlbaum Associates Publishers, 2003.

[102] Douglass C. North, *Institutions, Institutional Change and Economic Performance*, Cambridge: Cambridge University Press, 1991.

[103] Ethan G., "Environmental Refugees: How Many, How Bad?", *CSA Discovery Guides*, No.7, 2006.

[104] Feder G., Nishio A., "The Benefits of Land Registration and Titling: Economic and Social Perspectives", *Land Use Policy*, Vol.15, No.1, 1999.

[105] Feder G., *The Economics of Land and Titling in Thailand*, In the Economics of Rural Organization: Theory, Practice and Policy. Edited by K Hoff, Braverman A., Stiglitz J.F., Oxford University Press, 1993.

[106] Jacoby H.G., Li G., Rozelle S., "Hazards of Expropriation: Tenure Insecurity and Investment in Rural China", *American Economic Review*, Vol.92, No.5, 2002.

[107] Kung J.K., "Off-farm Labor Markets and the Emergence of Land Rental Markets in Rural China", *Journal of Comparative Economics*, Vol.30, No.2, 2002.

[108] Li G., Rozelle S., Loren Brandt, "Tenure Land Right and Farmer Investment Incentives in China", *Agricultural Economics*, Vol.19, No.1-2, 1989.

[109] O. E. Williamson, *The Economic Institutions of Capitalism*, New York: The Free Press, 1985.

[110] R. H. Coase, "The Problem of Social Cost", *Journal Law and Economics*, Vol.3, 1960.

[111] Rozelle S., Brandt L., Guo L., et al., *Land Rights in China: Facts, Fictions, and Issues*, Paper of Second International Convention of Asia Scholars (ICAS2) Berlin, 2001.

后　记

　　本书系全国哲学社会科学工作办公室资助并结项的国家社科基金项目"西部生态移民聚居区农地确权、流转与新型农业经营主体培育研究"（批准号：16BSH074）成果。课题负责人及课题组主要成员作为一个研究团队，从立项设计、野外调研、写作等课题分工协作过程中，体现出了科研执着追求的精神，以及良好的团队合作精神。课题组在调研过程中，得到了云南省普洱市扶贫开发办公室（现为普洱市乡村振兴局）及思茅区扶贫开发办公室（现为思茅区乡村振兴局）、江城县扶贫开发办公室（现为江城县乡村振兴局）和宁夏回族自治区社会科学院农村发展研究所以及银川市永宁县扶贫开发办公室（现为银川市永宁县乡村振兴局）、永宁县农业农村局、农经站的鼎力帮助和大力支持，也得到了调研点生态移民群众的大力配合。问卷调研、数据录入及审核过程中，西南林业大学、云南大学、云南农业大学多位研究生付出了辛劳。在写作过程中，多位专家不吝指教，还对研究成果提出了许多宝贵的修改意见及建议，在此表示衷心感谢！

　　本研究已形成 1 份总报告、7 份咨询报告、5 份专题案例研究报告以及多篇论文成果。课题组坚持问题导向，强化问题意识，注重研究成果转化应用。基于调研中发现的问题，结合专家、部门及基层群众意见，撰写出多篇咨询成果。其中，2 篇决策咨询成果获省部级领导批示。课题负责人及主要成员已在《改革内参》《要报》《云南日报内参》以及在中文核心期刊、CSSCI 来源期刊《云南社会科学》2016 年第 6 期、2020 年第 5 期发表阶段性成果 8 篇,一定程度上,引起学术界和社会各界对生态移民聚居区发展及其农地确权、流转和新型农业经营主体培育的关注。这一系列研究成果能产生良好的社会效应,离不开课题组团队的倾力合作,这个过程本身对课题组青年学者自身的学术研究来说也是一个提升的过程。

本书撰写主要分工如下:

引言:张体伟、王静

第一章:张体伟、王静

第二章:张云熙、张丽华

第三章:张云熙、张体伟

第四章:张丽华

第五章:张体伟、张丽华

第六章:胡晶

第七章:张体伟、王静

课题负责人对本研究成果进行了系统统稿、修改完善和校对工作。由于学术水平有限,在报告编撰过程中,疏漏与不足,敬请批评指正。

“西部生态移民聚居区农地确权、流转与

新型农业经营主体培育研究”课题组

二〇二一年十二月